Samuel Finzi

Samuels Buch

Samuel Finzi

SAMUELS BUCH

Ein autobiografischer Roman

Mitarbeit Geoffrey Layton

ULLSTEIN

»It is a tale told by an idiot, full of sound and fury, signifying nothing.«

WILLIAM SHAKESPEARE

BERLIN – PLOVDIV 1

Ich sitze in meiner Berliner Küche und betrachte den Boden. Es ist ein Boden aus Terrazzo. Das tue ich oft und mit Nachdruck. Die bunten Zementsteinchen beginnen sich zu drehen, ein Wirbel saugt mich ein, und ich lande auf der Terrasse des Hauses meiner Großeltern in Plovdiv, auf dem südlichen Balkan.

Es ist der gleiche Terrazzoboden.

Ich bin gerade aufgewacht, geweckt vom Balztanz der Tauben, ihrem Gurren und dem ungeduldigen Kratzen ihrer Füßchen auf dem Fensterblech. Ich bleibe noch eine Weile liegen, ich mag diese Geräusche, die mir sagen, dass Sommer ist und ich bei meinen Großeltern bin. Ich springe aus dem Bett und laufe hinaus auf die Terrasse. Sie ist groß und in ihrer ganzen Länge und Breite überdacht von einer Schatten spendenden Weinlaube. Meine Füße mögen die Berührung mit dem Boden, der so früh am Morgen schon warm ist.

Meine Großmutter steht in der Küche und trifft Vorbereitungen für das Mittagessen, bevor sie zur Arbeit geht. Dann holt sie den Gartenschlauch, der am Ausguss angeschlossen wird, und ich darf die Terrasse mit kaltem Wasser abspritzen. Ich presse das Schlauchende zusammen, um den Druck des Strahls zu erhöhen und so weit wie möglich zu spritzen. Es macht Spaß, die Sache im Griff zu haben. Es ist natürlich nicht nur der Boden, der nass wird, sondern auch der Esstisch samt Tischdecke, die Klappstühle mit ihren Kissen, die Weinlaube mit den schweren Trauben und Großmutter, die sich kreischend in die Küche flüchtet. Sie wird sich sowieso gleich umziehen, ihre Perücke aufsetzen und in der Anwaltskanzlei verschwinden, wo sie ein Büro mit zwei anderen perücketragenden Damen teilt.

Ich gehe zu Großvater ins Schlafzimmer. Dort ist es hell. Es riecht nach Lindenblüten und Seife. Der Lindenblütenduft kommt von draußen durch die geöffneten Fenster und der Seifenduft aus der kleinen Bakelitschüssel, in die mein Großvater seinen Rasierpinsel tunkt. Er sitzt an dem schweren Tisch aus Nussbaumholz. Vor ihm steht aufgeklappt die alte Pralinenkiste aus der Zarenzeit, in der er sein Rasierzeug aufbewahrt. Der kleine runde Spiegel lehnt schon am Deckel. Großvater schleift sein Rasiermesser am Lederriemen. Ich darf mit dem Pinsel den Schaum auf seinen Wangen verteilen, ganz vorsichtig – ohne seinen eleganten Schnurrbart zu berühren. Dann trete ich einen Schritt zurück, und Großvater setzt das Rasiermesser an. Ich bin fasziniert von den Bahnen, die das Messer im Schaum hinterlässt. Er führt das Rasiermesser mit derselben geschmeidigen Sicherheit, wie er den Bogen über die Saiten seiner Geige streicht. Auf der Kommode hinter ihm steht das große Telefunken-Radio mit den vielen Knöpfen. Ich kenne den richtigen – es ist der dritte von links, voreingestellt auf Radio Hristo Botev, klassische Musik. »Und was ist das, Opa?« – »Beethoven, die Siebte, zweiter Satz, Überleitung zum zweiten Thema«, murmelt er, während er mit der einen Hand die Haut an seinem Hals nach unten zieht und mit der anderen das Rasiermesser in die entgegengesetzte Richtung gleiten lässt. Großvater weiß immer, was gespielt wird, und zwar ganz genau. Selbst nachmittags, wenn er im Sessel neben dem laufenden Radio eingedöst ist. Er schrickt auf und antwortet wie aus der Pistole geschossen. Dann schläft er wieder ein.

Nachher werden wir, mit Scheren und Körben ausgerüstet, zusammen auf die Terrasse gehen. Viele Weintrauben sind schon reif, also werden wir sie abschneiden. Mit einem Stück weißem Schafskäse und Brot isst Großvater sie am liebsten. Jetzt klemmt er seinen Geigenkasten unter den Arm und macht sich auf den Weg zur Orchesterprobe. Heute nimmt er mich mit. Ich sitze im dunklen Zuschauerraum und bin genervt von den Unterbrechungen des Dirigenten. Warum lässt er die Musiker nicht einfach in Ruhe, es klingt doch schön, wenn alle zusammenspielen: die Streicher, die Bläser, das Schlagwerk. Mal leise, mal laut, schnell, dann wieder langsam …

Der Dirigent ist ein großer Mann, er dirigiert mit großen Gesten, großer Hingabe und großen Füßen – Schuhgröße 48. Um die Musiker in seinem Furor mitzureißen, stampft er so heftig auf, dass sich der aufwirbelnde Staub auf die Instrumente legt. Großvater erzählt mir, er und seine Kollegen würden vor jeder Probe das Dirigentenpult mit Wasser bespritzen, aus Sorge um ihre Instrumente; doch nicht mal eine Stunde später staubt es wieder wie zuvor. Als die Musik laut und schnell wird, stürzt sich der Dirigent direkt vom Pult unter die Streicher und brüllt: »Faschisten, Mörder! Mein Gott, habt ihr noch nie Menschen getötet!«

Auf dem Weg nach Hause durchqueren Großvater und ich den Stadtgarten, in seiner Linken die Geige, in der Rechten meine Hand. »Keine Sorge, Sami, das ist nur seine Art, uns anzustacheln. Diese Musik erzählt den Krieg. Sie heißt *Leningrader Symphonie*, und ihr Komponist heißt Dmitri Schostakowitsch. Die Russen waren in Leningrad von den Deutschen eingekesselt. Und viele, viele Leute sind damals verhungert.«

Es ist Nachmittag, und die Platanen stehen unbeweglich in der Hitze, ihr Schatten taugt nichts. Die Rettung ist unsere Bäckerei an der Ecke. Über dem Türrahmen hängt ein Vorhang aus dünnen Plastikstreifen. Ich reiße sie auseinander und stehe im Luftzug des Ventilators, der an der Decke hängt. Ich verlange fünf von meinen geliebten *Tulumbitschki* – fettige, siruptriefende Zigarren aus Waffelteig. Großvater ist kaum mit seinem Mokka fertig, da habe ich sie schon verschlungen und lecke mir gründlich die klebrigen Finger ab. Er setzt seinen Hut auf, und wir gehen.

Großvater mag seine Hüte. Er hat nur zwei – einen für den Sommer und einen für den Winter. Sie sind alt, sehen aber nicht so aus. Überhaupt legt er Wert auf sein Aussehen. Der perfekt gepflegte Schnurrbart verdeckt die Hasenscharte. Seine Garderobe fällt eher bescheiden aus; sie ist schon in die Jahre gekommen, was ihn aber nicht hindert, immer ordentlich und sogar elegant auszusehen. Das wird sich auch im Lauf der Zeit nicht ändern, selbst wenn seine Linke später statt der Geige einen Gehstock hält und seine Rechte anstelle meiner Hand nur noch seine alte Aktentasche. Die Aktentasche stammt aus der Zeit seines Jurastudiums. Damals bewahrte er die Gesetzbücher der konstitutionellen Monarchie Bulgariens darin auf. Er war Anwalt, bevor die Kommunisten an die Macht kamen und neue Gesetze schrieben. Ihm, dem Spross einer bürgerlichen Familie, Repräsentant des alten Regimes und Feind des Volkes, wurde Berufsverbot erteilt. Nach einer zweimonatigen Internierung im Arbeitslager – eine Erfahrung, über die er später nie gesprochen hat – musste er seine Familie mit Gelegenheitsarbeiten über Wasser halten. Meine Mutter erzählt, wie glücklich sie war, neben dem Vater auf dem Kutschbock zu sitzen. Auf der Ladefläche hinter ihnen: der stinkende Abfall des örtlichen Schlachthauses. Glück im Unglück – außer den Gesetzen versuchten die Kommunisten, auch die Kultur neu zu erschaffen, und so wurde das Philharmonische Orchester Plovdiv gegründet. Es herrschte Musikermangel, man verzieh ihm seine bürgerliche Herkunft und nahm ihn in das Orchester auf. Am Ende saß er sogar am Pult der zweiten Bratschen. Später als Rentner gründete er ein Festival für Kammermusik in der Stadt und wurde von allen liebevoll *Cico Goscho* (zu Deutsch »Onkel Schorsch«) genannt. Jetzt befanden sich in der alten ausgebeulten Ledertasche von Cico Goscho die Programmhefte seines Musikfestivals, sein Kamm und ein frisches Schnupftuch.

Als er starb, lebte ich bereits in Deutschland. Das Letzte, wonach er verlangte, war die Postkarte, die ich ihm aus Berlin geschickt hatte. Er las sie, legte sie sich auf die Brust und schlief für immer ein.

Plovdiv liegt in der Ebene von Thrakien, auf halbem Weg zwischen der Hauptstadt Sofia und dem Rhodopen-Gebirge. Seine Einwohner sind sehr stolz darauf, dass ihre Stadt von Philipp, dem Vater Alexanders des Großen, gegründet wurde. Sie behaupten, dass Plovdiv wie Rom auf sieben Hügeln erbaut wurde. Tatsache ist: Auf einem der Hügel befindet sich ein sehr gut erhaltenes römisches Amphitheater, auf einem anderen steht Aljoscha, die elf Meter hohe Statue eines eher unbekannten sowjetischen Soldaten. Auf dem dritten steht gar nichts, und die vier anderen liegen außerhalb der Stadt. Die Einwohner von Plovdiv fühlen sich verpflichtet, die Vorteile ihrer Provinz gegenüber denen der Hauptstadt immer wieder auf ihre Fahnen zu schreiben. Dabei ist ihre Stadt die zweitgrößte des Landes.

Für meine Kumpel in Plovdiv war ich ein *kopele*, ein Bastard, ein zugezogener Angeber aus der Hauptstadt. Bei meinen Freunden im Kiez in Sofia hingegen galt ich als ein *maina*, ein in Plovdiv geborener Provinzler. Man verlangte von mir, Farbe zu bekennen. Ich aber hatte keine Lust, mich zwischen *maina* oder *kopele* zu entscheiden. Sobald ich mich der einen Seite näherte, fing ich automatisch an, die Vorzüge der anderen zu verteidigen – teils aus Trotz, teils aus dem Bedürfnis, mich zu unterscheiden. Mir gefiel die doppelte Stadtzugehörigkeit.

Meine Mutter stammte aus Plovdiv, studierte aber schon Klavier an der staatlichen Musikakademie in Sofia, als sie – eine besessene Theatergeherin – meinen Vater im dortigen Theater der Arbeiterfront auf der Bühne sah. Sein Spiel muss sie so sehr überzeugt haben, dass sie drei Monate später heirateten und ich bereits sechs Monate nach der Hochzeit auf die Welt kam. Später, in der Pubertät, entdeckte ich diese arithmetische Unstimmigkeit, als ich heimlich in den Familiendokumenten stöberte. Ich zerbrach mir den Kopf darüber. Als ich meinen Vater darauf ansprach, sagte er zu mir: »Schlomo bekam drei Monate nach seiner Hochzeit mit Sarah ein Kind. Das bereitete auch ihm Kopfzerbrechen. Also ging er zum Rabbi und fragte ihn, wie denn das möglich sei. Schlomo hatte gelernt, dass die Kinder erst neun Monate nach der Hochzeit zur Welt kommen. Nach kurzem Überlegen fragte der Rabbi:

- Wie lange bist du mit Sarah verheiratet, Schlomo?
- Drei Monate, Rabbi.
- Und wie lange ist Sarah mit dir verheiratet?
- Auch drei Monate.
- Und seit wann ist das Kind auf der Welt?
- Seit drei Monaten.
- Also, sagte der Rabbi zufrieden, drei mal drei ist neun. Da hast du es.«

Ich bin eher durch Zufall in Plovdiv geboren. Meine hochschwangere Mutter war dort zum Namenstag eines befreundeten Komponisten eingeladen. Bei der Feier musste sie viel lachen, das tat sie immer gerne und lauthals. Ob mich die Erschütterung ihres Zwerchfells daran erinnerte, dass es Zeit wurde, sich aus der Enge der Situation zu befreien? Jedenfalls war ich, Samuel, am 20. Januar 1966, um sechs Uhr zehn, viertausenddreihundert Gramm schwer, auf der Welt. Mein Vater, der am Abend zuvor in Sofia Vorstellung hatte, schickte ihr ein Telegramm, in dem er seine große Dankbarkeit über die Ankunft seines Sohnes und die Genugtuung zum Ausdruck brachte, dass meine Mutter alles so »akkurat« erledigt hatte. Er fügte hinzu, dass er nicht in der Lage sei, sich zu konzentrieren. Ein Text, über den meine Mutter noch heute die Achseln zuckt.

»Ich möchte dich daran erinnern«, sagte vor Kurzem mein Vater zu mir, »vielleicht habe ich es dir schon mal erzählt, es gab verschiedene Gründe, dich ›Samuel‹ zu nennen. Einer davon war: Falls in Bulgarien wieder antisemitische Zeiten anbrechen sollten, könntest du einfach deinen Namen von Samuel mit e in Samuil mit i umändern. Schließlich gab es einen bulgarischen Zaren Samuil, nicht wahr? Das i könnte dir in der Not helfen. Unter Umständen. Hofften wir …«

Dieses i habe ich als Kind gehasst! In meinen Ohren klang es grob und sogar grausam. Zar Samuil war dafür bekannt, den Kampf gegen den byzantinischen Kaiser Basileios II., genannt *Bulgaroktónos* (Bulgarentöter), Anfang des elften Jahrhunderts verloren zu haben. Letzterer ließ es sich nicht nehmen, allen fünfzehntausend bulgarischen Kriegern die Augen ausreißen zu lassen, wobei er die Großzügigkeit besaß, jeder Hundertschaft einen Einäugigen zu genehmigen, um die blinde Armee nach Hause zu führen. Beim Anblick der leeren Augenhöhlen seiner Soldaten brach Zar Samuil tot zusammen.

Hingegen Samuel mit e, die griechische Variante des hebräischen Schmuel, bedeutet in etwa: »Er hat deine Gebete gehört!« Das gefiel mir. Ob er sie aber auch erfüllt? Es gibt ein Foto aus meiner frühen Kindheit. Das Bild wurde aufgenommen von einem Fotografen, der seine Plattenkamera auf dem Trottoir in unserer Straße aufgestellt hatte. Wir sehen aus wie eine Flüchtlingsfamilie auf dem Weg ins Ungewisse. Der Vater im Hintergrund, davor die Mutter und ganz nah am Objektiv das Kind. Im überbelichteten kahlen Kopf des Kindes – zwei stechende Augen, streng und zugleich ironisch. »Wie Chruschtschow, der vor der UNO seinen Schuh auf den Tisch haut!«, sagte meine Großmutter. Die Augen der Eltern sind einfach müde.

2 ES LEBE DIE SOWJETISCH-BULGARISCHE FREUNDSCHAFT!

Der Sommer geht zu Ende. Es wird Zeit, dass meine Großmutter mich zu meinen Eltern nach Sofia bringt. Der französische Kindergarten hat wieder geöffnet. Die Zugreise dauert drei Stunden – eine halbe Ewigkeit. Ich fürchte mich vor der Langeweile, nur die Aussicht auf die obligatorische Knackwurst, die meine Großmutter mir unterwegs kaufen wird, hält mich bei Laune. Endlich hält der Zug an einem Bahnhof. An den Wänden hängen große Bilder von zwei alten Männern, die sich küssen. Darunter steht etwas geschrieben, in großen Lettern und mit Ausrufezeichen. Ich lese laut vor, das kann ich nämlich schon: »Es lebe die sowjetisch-bulgarische Freundschaft!«

Meine Großmutter wird unruhig. Sie schiebt schnell das Fenster des Zugabteils nach unten, und der Imbissverkäufer auf dem Bahnsteig schiebt uns seinen dampfenden Wagen entgegen. Ich klettere auf den Sitz und beuge mich hinaus, er reicht mir eine Scheibe Brot und die heiß begehrte Wurst in einer Plastiktüte verpackt herauf. Als der Zug den Bahnhof wieder verlässt und in die öde Landschaft eintaucht, ist die Wurst gegessen, und Langeweile macht sich breit … Ah, wieder dieses Bild, diesmal mitten in einem Tomatenfeld: die beiden alten Männer, die sich küssen. »Diese beiden Männer haben sich aber sehr gern!«, höre ich mich sagen. Meine Großmutter räuspert sich. »Schiwkow und Breschnew!«, verkünde ich lauthals. »Und jetzt fliegen sie zusammen in den Himmel, fliegen dreimal wie Raketen um die Erde, und bevor sie landen, singen sie ein Lied über Schiwkow und Breschnew, die getanzt, sich umarmt und geküsst haben und wie Raketen um die Erde geflogen sind.«

Das alles singe und tanze ich vor, ich spiele mal den einen, mal den anderen, ich verteile imaginäre Küsse im ganzen Abteil. Am meisten gefällt es mir, das Geräusch der Raketen nachzuahmen. Ich presse meine Lippen zusammen, blase meine Backen auf und lasse einen schier endlosen Furz raus.

»Sancho, bitte, setz dich auf deinen Platz!«, versucht mich Großmutter sanft zu bremsen. Sancho ist seit jeher mein Spitzname. Den haben sich meine Eltern direkt nach meiner Geburt ausgedacht, er begleitet mich bis heute. Ich finde meine Darbietung unglaublich komisch und bin überzeugt, dass die Mitreisenden es genauso empfinden. Aber sie lachen nicht. Sie sehen angespannt aus. Am meisten meine Großmutter. »Sancho, bitte!« Unnötigerweise überprüft sie, ob die Perücke richtig sitzt, lächelt verlegen in die Runde und konzentriert sich dann auf die vorübergleitenden Tomatenfelder.

Es ist das Jahr 1971, und Todor Schiwkow steht schon seit fast zwanzig Jahren am Steuer unseres sozialistischen Vaterlandes. Er navigiert das Staatsschiff durch die Stürme der Weltgeschichte zum gelobten Land des Kommunismus. Der arme, aber stolze Bauernsohn, der gelernt hat, hinter dem Pflug zu gehen, den fruchtbaren Boden zu beackern, die goldene Saat zu säen, im Morgentau das frische grüne Gras zu mähen, im Herbst die wogenden Weizenfelder zu ernten, die prall gefüllten Euter der Kühe zu melken, die Schafe auf den lieblichen Hügeln unserer Heimat zu weiden, unter dem klaren blauen Himmel, der sich über unser blühendes Land und sein heroisches Volk spannt – dieser Bauernsohn ist also zum Seefahrer geworden, der mit sicherer Hand, warmem Herzen und kühlem Verstand das Schiff unseres ruhmreichen Landes auf Kurs in eine helle Zukunft lenkt. Der Berufswechsel ist ihm sicher nicht leichtgefallen. Aber nichts ist unmöglich für den wahren Kommunisten, der bereit ist, alles aufzugeben im Namen der Partei, des Vaterlandes und des Volkes.

In dem vollen Zugabteil herrscht mittlerweile beklommene Stille. Selbst wenn jemand über die Witze des kleinen Jungen lachen möchte, traut er sich nicht. Der Impuls ist vielleicht da, aber die Angst ist größer. Wer weiß, wer wem gegenübersitzt? Der nach Knoblauch riechende Mann, findet er das lustig oder eher nicht, fragt sich die schwitzende Frau mit dem Kopftuch vielleicht. Oder auch der Mann: Wird die Frau mit dem Kopftuch den Vorfall nicht gleich nach der Ankunft bei der dafür zuständigen Stelle melden? Gut, es ist ja nur ein Kind, aber wo hat es das aufgeschnappt, wen plappert es nach? Sind es die Eltern, die ihm solchen Unfug beibringen – das ist doch konterrevolutionär! –, oder spielt der Kleine nur den Köder, jemand beißt an, lacht laut auf, und die Oma rennt nach der Ankunft gleich zur Behörde? Die Luft ist stickig von all den Fragen, der Zug jagt unbeirrt weiter.

Irgendwann ist die Reise vorbei und meine Großmutter völlig erledigt – nicht so sehr von der Fahrt als vielmehr von der Gefahr, in die ich sie gebracht habe. Sie greift nach meiner Hand, und wir verschwinden in der Menge der Ankommenden und Abreisenden.

3 PLATZ DER WIEDERGEBURT

Unser Haus in Sofia liegt sehr zentral an einer großen Kreuzung, dem Platz der Wiedergeburt. Die Straßenbahnen fahren in vier verschiedene Richtungen. Es ist auch für Erwachsene nicht einfach, mit dem lebhaften Verkehr zurechtzukommen. Busse und Autos hupen, Lastwagen poltern über das Kopfsteinpflaster, die Straßenbahnen quietschen, ihre Warnsignale klingen wie Hammerschläge auf dem Amboss, Funken sprühen zwischen den Oberleitungen und den Stromgabeln. Die rostigen Weichen blockieren häufig. Dann liegt der Verkehr lahm. Die Schaffnerin steigt aus, eine mächtige Eisenstange in der Hand, mit einem heftigen Ruck stellt sie die Weiche wieder richtig und klettert fluchend zurück ins Führerhaus. Ausgerechnet an dieser Kreuzung gibt es keine Ampel, also eilt häufig ein Volkspolizist herbei. Er versucht pfeifend und mit den Armen fuchtelnd, die Sturheit der Verkehrsteilnehmer zu mäßigen und den Verkehr wieder in Gang zu bringen.

Mein Vater bringt mir nicht nur bei, wie man bei Rot eine

Straße überquert. In dem Chaos auf dem Platz der Wiedergeburt lehrt er mich auch, keine Angst zu haben, wenn ich zwischen zwei Straßenbahnen gerate: »Da ist ein ganzer Meter Platz zwischen den zwei Gleisen! Du musst dich nur genau in die Mitte stellen, dann kann nichts passieren.« Das stimmt. Es kommt sogar vor, dass ich aus Lust an diesem Experiment zwischen den wild klingelnden Straßenbahnen stehen bleibe und sie an mir vorbeifahren lasse. Kein schönes Erlebnis für meine Mutter, die zufällig am Fenster steht und mit ansehen muss, wie sich mitten auf dem Platz zwei rote Riesenschlangen auf ihren kleinen Sohn stürzen, ihn verschlingen und anschließend wieder ausscheiden – unversehrt.

Auf der Schwelle unseres Hauses steht das Baujahr 1933. Terrazzoboden zieht sich durch alle vier Stockwerke bis in die Wohnungen hinein. Unsere Wohnung liegt im rechten Flügel im zweiten Stock. Sie verfügt über ein Vestibül, eine Küche, ein Badezimmer, eine Toilette, ein Elternschlafzimmer und ein Kinderzimmer. Im Schlafzimmer der Eltern befinden sich außer den beiden Betten, die hintereinander an der Wand stehen, auch der Konzertflügel meiner Mutter und ein Klavier. Die Küche ist alles andere als groß, trotzdem ist sie das Zentrum unseres Alltags. Es ist dort ruhiger als nach vorn raus zum Platz. Der Küchenbalkon geht auf den Hinterhof des Hauses. Seine rissige Betonfläche war der Spielplatz meiner Kindheit. Der angrenzende, ebenfalls von einer Ziegelsteinmauer umfriedete Hinterhof gehört dem armenischen Kulturverein und schließt an die Rückseite meiner

Grundschule an. Ein Umstand, der es mir erlaubt, die Lehrer und meine Mitschüler im Auge zu behalten, um erst im letzten Moment zum Unterricht zu erscheinen.

Tante Slavka, die Pförtnerin, die zweimal pro Woche das Treppenhaus wischte, war eine alterslose Frau, jedenfalls nicht jung. Sie hatte eine große unförmige Nase, von der sie durch das grelle Rot ihres Lippenstifts abzulenken suchte. Ihr Körper, den sie meist in eine Kombination aus abgetragener Trainingshose und einem Kleid mit Blümchendruck zwängte, war ebenso unförmig wie ihre Nase. Ihre geschwollenen Füße steckten in alten Männerschuhen mit heruntergetretenen Hacken. Vielleicht war sie mal hübsch gewesen. Man wusste wenig über sie, aber eins war sicher: Etwas in ihrem Leben war schiefgelaufen. In ihrem winzigen Kämmerchen, das sich im Souterrain neben den Mülleimern befand, gab es gerade mal Platz für ein Bett, einen Schrank, ein Tischchen, einen Stuhl und eine einzelne Herdplatte. Platz zum Stehen gab es dort nicht. Die Toilette war draußen bei den Mülltonnen, und zum Baden ging sie einmal wöchentlich ins Stadtbad. Sie kümmerte sich um alle streunenden Katzen der Umgebung und stand mit ihnen in ständigem Dialog. Wie sie den Gestank aus den Mülltonnen, den Katzen und den Fischresten, die sie ihnen zum Fressen gab, ertragen konnte, war uns ein Rätsel.

Wenn unser Ball wieder mal bei den Mülleimern landete und gegen ihr Fenster schlug, brüllte sie uns fürchterlich an. Ihre Flüche waren lang und bildhaft. Sie schickte uns in die

Hölle, ließ uns von irgendwelchen Tieren fressen oder wünschte uns direkt den Tod. Das mochten wir. Es gefiel uns, sie so auf die Palme zu bringen, bis sie mit einem Besen bewaffnet die Stufen zum Hof hinaufeilte und wir lachend auseinanderstoben.

Manchmal, wenn meine Eltern abends unterwegs waren, baten sie Tante Slavka, auf mich aufzupassen. Sie nahm eine Dusche, und wir aßen zusammen. Danach saß sie zufrieden in der Küche, sah fern und nickte schließlich ein.

Mein Vater verstand es, sowohl für die Probleme des Alltags als auch für die komplexeren Herausforderungen des Lebens eine überraschende und unorthodoxe Lösung zu finden. Am Lampenschirm über dem Bett seines neugeborenen Sohnes befestigte er eine lange Schnur, band sich das andere Ende an seinen sacht wippenden Fuß, ließ das Licht sanft hin und her schwingen und lernte im Sessel, zurückgelehnt und mit Textbuch in der Hand, seine Rolle. Den Schein der schaukelnden Lampe vor Augen und den warmen Klang der Stimme im Ohr, wurde der kleine Sohn in den Schlaf befördert. »Alles eine Frage der Perspektive«, erklärte er meiner staunenden Mutter.

Das Etagenbett, das er mir später baute, sollte meinen Freunden als Übernachtungsmöglichkeit dienen, aber das Bauen befriedigte auch die Passion meines Vaters, immer etwas Neues zu erfinden und zu konstruieren. Für das Bett verwendete er Bretter des Ehebetts seiner kürzlich verstorbenen Eltern. Die vier eisernen Säulen, die das Ganze zusammenhielten, wurden ihm, nach eigenem Entwurf, von den Bühnenarbeitern des Theaters der Arbeiterfront zusammengeschweißt. Die Strickleiter mit ihren hölzernen Sprossen knüpfte er selbst.

Morgens, beim Aufwachen im oberen Stock meines neuen Bettes, beobachte ich die Spiegelungen der Straßenbahn, der Busse und Autos, die durch den Schlitz über der Vorhangstange dringen und die Zimmerdecke in eine Leinwand für Lichtspiele verwandeln. Und wenn der Vorhang vor mir aufgeht und den Blick auf den Platz der Wiedergeburt freigibt, fühle ich mich wie ein Matrose auf dem Ausguck, nicht zuletzt dank der Strickleiter, die ich rauf- und runterklettere.

Links auf dem Platz ist das Kino Georgi Dimitroff zu sehen, über dem Eingang das riesenhafte, in matten Farben gehaltene Porträt einer Löwin, darunter der Filmtitel *Die Löwin Elsa*. Das Kino ist benannt nach dem bulgarischen Kommunisten, der von den Nazis beschuldigt wurde, den Reichstag in Brand gesetzt zu haben. Dimitroff gilt als Held, weil er so schnell Deutsch gelernt hat, dass er sich bei dem Schauprozess, der in Leipzig mit Hermann Göring als Hauptkläger stattfand, selbst verteidigen konnte. In den neun Monaten Untersuchungshaft muss er sich diese schwierige Sprache sehr gut angeeignet haben, denn er wurde freigesprochen. Es gibt ein Monument in Sofia, das den großen Dimitroff darstellt, wie er ein deutsches Lehrbuch in den gefesselten Händen hält. Später wurde er Ministerpräsident der ersten kommunistischen Regierung Bulgariens. Man trieb einen

Personenkult um ihn wie um Lenin in Moskau. Kurz gesagt: Die deutsche Sprache hat ihn weit gebracht. Als er starb, wurde sein Leichnam in einem eigens für ihn errichteten Mausoleum zur Schau gestellt, gleich gegenüber vom Zarenpalast: das hellgelbe Pflaster vor dem Mausoleum und die steinerne Stille der Schildwache vor dem Eingang in der Sommerhitze. Zwei Soldaten in roter Galauniform, Gewehr bei Fuß. Sie mussten stillstehen, wie an der Wand angeklebt. Ich kam oft dort vorbei. Machte Grimassen, um sie zum Lachen zu bringen. Sie zuckten nicht mit der Wimper. Lange habe ich geglaubt, die Soldaten seien nicht echt. »Doch, doch, die sind echt«, sagte Mama und lachte. Ich war nicht überzeugt.

In diesen Jahren wird das Dimitroff-Kino zu einem der wichtigsten Schauplätze meines Lebens. Weil es direkt vor der Tür liegt. Und weil ein Billett nur zwanzig Stotinki kostet. Ich gehe gern allein hin. Ich spaziere morgens um zehn Uhr hinein und gucke mir drei oder vier Filme hintereinander an. Vor dem Kino, auf dem Vorplatz, steht ein Springbrunnen, aus dem niemals Wasser sprudelt. Drum herum ein paar Bänke, auf denen nie jemand sitzt. Weiter hinten, etwas in die Tiefe versetzt: der kleine Grillimbiss, wo es die besten *Cevapcici* der ganzen Stadt gibt, mit *Ljutenica* (dieses Püree aus gegrillten Paprika und Tomaten, das so unglaublich gut schmeckt). Noch weiter rechts, jenseits einer Querstraße: der Schulhof der zweiunddreißigsten Oberschule der Stadt Sofia, wo die Gymnasiasten in Sportkleidung – schwarze Shorts, weiße ärmellose Oberteile – für die Parade zum nächsten Parteitag trainieren.

Die Passanten gehen ihren täglichen Verpflichtungen nach – jeder in seinem eigenen Rhythmus. Da ist er wieder! Der Mann mit den Krücken. Eine Gestalt wie aus einem Gemälde von Hieronymus Bosch, den ich mittlerweile als Maler kenne, dank der *Weltgalerie*, einer Kunstzeitschrift für »Heranwachsende«, zu deren Lektüre mich meine Eltern durch ein Abonnement verlockten. Es ist ein Fabelwesen, das da vorbeiläuft. Im Viervierteltakt schwingt es die Krücken nach vorn und lässt die Beine gleich nachkommen, mit der Eleganz einer Gottesanbeterin und der Geschwindigkeit eines Gepards. Es stößt unverständliche Laute aus. Die Menge teilt sich vor ihm und schließt sich hinter ihm. So wie es auftaucht, verschwindet es, um im Lauf des Tages mehrmals unverhofft wieder zu erscheinen.

MATHILDAS LADEN 4

Ich war noch ziemlich klein, als man mich schon allein zum Einkaufen schickte. Warum auch nicht: Brot, Milch und Joghurt gab es in der Bäckerei, nicht weit von unserem Haus entfernt, dreihundert Meter rechts von unserer Eingangstür. Wurst, Käse, Waschmittel und Sonnenblumenöl im Laden, der sich im Erdgeschoss unseres Hauses befand. »Sancho, geh bitte runter zum Kolonial!«, hieß es dann. Der Laden war hellblau gestrichen und verfügte über zwei Vitrinen – eine für Wurst, eine für Käse. Es gab jeweils nur zwei Sorten, was meine Aufgabe sehr erleichterte. Der Rest des eher spärlichen Angebots lag verstreut auf Paletten herum. Auf dem Vordach des Ladens leuchtete die Neonschrift »Kolonialwaren«. Irgendwann bemerkten die verantwortlichen Autoritäten den peinlichen Fehler. Von da an ging ich nicht mehr zum Kolonial, sondern zum Konsum.

Großmutter Mathilda – diejenige, die mich nach meiner Geburt mit Chruschtschow verglichen hatte – liebte es, ihr vierjähriges Enkelkind mit der Behauptung aufzuziehen, dass der Laden ihr gehöre. Da ich gerade anfing, lesen zu lernen, mir aber meiner Sache noch nicht ganz sicher war, öffnete ich die Balkontür, zerrte meine Großmutter auf den Balkon, von dem aus die Neonschrift zu sehen war, und stampfte mit dem Fuß auf. »Da steht: Der Laden gehört Sancho!« Sie lächelte süffisant. »Du kannst wohl nicht lesen, da steht Mathildas Laden.« Das ging immer so weiter, bis ich vor Wut anfing zu heulen. Das machte ihr Vergnügen.

Einen ähnlichen Genuss muss es meinem Vater bereitet haben – damals fünf oder sechs Jahre alt –, als er seine Mutter, also Mathilda, durch seine Sturheit zu solcher Verzweiflung trieb, dass sie das Fenster öffnete und damit drohte, sich hinauszuwerfen. »Itzko, ich kann nicht mehr, hör sofort auf, ich bringe mich um!«, schrie sie. Er grinste zufrieden. »Zeig doch mal!« Es war genau dasselbe Fenster, aus dem ich von meinem Etagenbett auf die Kreuzung schauen konnte.

Oft holte mich Mathilda vorzeitig und ohne die Erlaubnis meiner Eltern vom Kindergarten ab. Sie brachte mich zu ihren Freunden – anscheinend hatte ich mich doch zu einem vorzeigbaren Kind entwickelt. Wir saßen in der engen Küche von Rachel und Alfred. Es wurde ausschließlich Ladino geschnattert, Rachel betätschelte mich, zwitscherte ab und zu »Sami, *pasharico*« (Ladino für »Vögelchen«) und stopfte mich voll mit *Burrmulicos*, einer Art Spritzgebäck aus Mazzeteig. Sie lachten viel, ich verstand wenig und schaute zum Fenster hinaus. Vor dem Bühneneingang der staatlichen Philharmonie gegenüber standen Orchestermusiker und rauchten, bevor sie im Eingang verschwanden. An der Form des Geigenkastens erkannte ich immerhin die Geiger. Irgendwann packte mich Mathilda und zog mich nach Hause, damit wir rechtzeitig ankamen, ohne dass meine Eltern Verdacht schöpften.

An Großmutter Mathildas Tod kann ich mich nicht erinnern. Ich muss vier Jahre alt gewesen sein. Sie verschwand einfach aus meinem Alltag.

5 JEANNI, DAS ZIRKUSKIND

Mein bester Freund in den ersten Schuljahren war Jean Karapapazov. Sein Name war eine seltsame Mischung aus verschiedenen Ethnien – französisch, türkisch und bulgarisch. Jean oder, wie wir ihn nannten, Jeanni war mein Held. Ich war sehr stolz darauf, dass ich sein Freund war. Er konnte mitten im Gespräch seine Füße in die Luft strecken und auf einer Hand stehen, er konnte balancieren und gleichzeitig jonglieren. Ein drahtiger kleiner Junge, der immer lachte. Meine Bewunderung für ihn war so groß, dass ich nicht mal neidisch war.

Jeanni war ein Zirkuskind. In der Schule war er nicht besonders gut, da er häufig auf Tournee ging oder trainieren musste. Sein Vater war Clown, Seiltänzer und Äquilibrist, und Jeanni trat mit ihm zusammen auf – beide im Kostüm von Charlie Chaplin, mit Melone, Stock und Schnurrbärtchen. Die Mutter war Akrobatin. Wegen ihrer stämmigen Figur war sie zum Hochwerfen nicht geeignet, bildete aber ein stabiles Fundament für verschiedene akrobatische Formationen. Eine ähnliche Funktion erfüllte sie auch im Alltag der Familie. Jeans Vater setzte seine Clownsnummern zu Hause fort – er zeigte mir kleine Tricks, jonglierte mit mehreren Bällen, aber nur bis die Mutter auftauchte. Ihre raue Stimme flößte mir Ehrfurcht ein. Ich mochte es, wenn sie mich mit ihren festen Armen zur Begrüßung beinah erdrückte. Von irgendeiner Tournee kamen Jean und seine Familie nicht zurück. Ich habe meinen besten Freund nie mehr gesehen. Jahre später, ich wohnte mittlerweile in Berlin, erreichte mich die Nachricht, dass er in Kanada lebte. Inzwischen sei ihm der Goldene Clown, die wichtigste Auszeichnung des Zirkusgewerbes, verliehen worden und er trete jetzt in den Programmen der bekanntesten Zirkusveranstalter der Welt auf.

In den Zirkus ging ich weiterhin jede Woche. Er war nicht wie üblich in einem Zelt, sondern in einem eigens dafür erbauten kreisförmigen Gebäude untergebracht, nur einen Häuserblock von uns entfernt. Die Raubtiere und auch die harmlosen Tiere wurden außerhalb in Käfigen gehalten. Ich trieb mich gern dort herum, zwischen Löwen, Ponys, Tigern und Königspudeln.

Da mein Vater einmal als Conférencier für den bulgarischen Staatszirkus in der Sowjetunion unterwegs gewesen war, hatte er stets ein Anrecht auf Freikarten. Jeden Sonntagnachmittag marschierte ich los, holte mir eine Tüte Popcorn am Eingang des Zirkus und setzte mich in die Loge. Irgendwann kannte ich die genaue Abfolge der Nummern und konnte auch die Qualität der Artisten beurteilen. Schwer fiel mir das nur bei den Clowns, ich fand sie selten wirklich komisch. Meine Ansprüche waren allerdings hoch. Schließlich kannte ich die besten aus dem Kino gegenüber – Charlie Chaplin, Buster Keaton, Laurel & Hardy. Bei denen bekam ich Bauchschmerzen vor Lachen. Das passierte mir im Zirkus selten. Ich mochte die roten Nasen nicht, die großen Münder, die weißen Gesichter.

6 WAS HABEN EIN SCHAF UND EIN ATTENTAT GEMEINSAM?

»Wir fliegen heute ans Meer!«, verkündete mein Vater. »Wir fahren zum Flughafen und nehmen den nächsten Flieger. Nach Burgas oder Varna, egal wohin, wir lassen uns überraschen.« Er hatte zwei Wochen frei, ich war fünf oder sechs Jahre alt, es war der Anfang des Sommers.

Varna und Burgas sind die beiden großen Hafenstädte an der bulgarischen Schwarzmeerküste. Varna liegt einhundertzwanzig Kilometer nördlich von Burgas. Wer ans Meer will, kommt nicht darum herum, in einer der beiden Städte haltzumachen. Zur Südküste fährt man über Burgas, zur Nordküste über Varna.

Was mich am Fliegen begeisterte, war nicht so sehr das Schweben in der Luft, sondern vor allem das hektische Treiben am Flughafen, die Schinkentoasts in der Cafeteria, die es nirgendwo anders gab, das Besteigen des Flugzeugs über die Gangway und schließlich das höchste der Gefühle: die Beschleunigung der Propellermaschine kurz vor dem Abheben. Fliegen war für den einfachen sozialistischen Bürger erschwinglich und galt nicht als Luxus. Für mich jedoch war es etwas sehr Aufregendes. Am Flughafen angekommen, fühlte ich mich als Teil der großen Welt: all die Menschen aus anderen Ländern, die anders aussahen, anders sprachen, anders rochen und andere Koffer und Taschen trugen!

Leider stellte sich heraus, dass alle Flüge ausgebucht waren. Aber mein Vater war kein Mensch, der schnell aufgab. Entweder fand er selbst eine Lösung, oder sie wurde ihm geschenkt. »Von Kräften, die nichts mit irgendeinem Gott zu tun haben, aber doch da sind«, wie er zu sagen pflegte. Da erschien am Ticketschalter ein Mann in der Uniform der Balkan Airlines: etwa Mitte dreißig, freundliche Ausstrahlung, dazu ein schwarzes Brillengestell, schwarzer Schnurrbart und schwarzes, ordentlich gekämmtes Haar. Er sah meinen Vater, schrie seinen Namen: »Itzkooo!«, sprang über die Gepäckwaage und umarmte ihn. »Was machst du hier … Sergej?«, rief Papa, erfreut, einen Bekannten zu treffen, der offenbar am Flughafen arbeitete. »Ich freue mich so, dich wiederzusehen. Wo fliegt ihr hin?«, fragte der Mann, den Papa Sergej genannt hatte. Daraus schloss ich, dass er mit dem Namen richtiglag, das kam nicht häufig vor. »Was soll's, ich interessiere mich für den Menschen, nicht für seinen Namen.«

Sergejs Frage nach dem Reiseziel überging Papa. »Du warst doch Beleuchter bei uns im Theater, nicht wahr?« – »Ja, bis vor Kurzem«, Sergej nickte. »Jetzt arbeite ich für die Balkan Airlines.« – »Nein, wirklich? Das ist doch toll! Das ist bestimmt viel interessanter!«, begeisterte sich Papa. »Eine kleine Frage: Wir wollen ans Meer, aber alles ist ausgebucht. Vielleicht lässt sich da was machen … Wenn es keine Umstände macht?« – »Kein Problem! Nach Varna oder Burgas?«, fragte Sergej.

»Egal, Hauptsache, wir fliegen«, antwortete Papa und warf mir einen Hab-ich-es-nicht-gesagt-Blick zu.

Hoch in den Wolken, mitten im Flug nach Varna, sagte mein Vater unvermittelt: »Ich wusste gar nicht, dass er bei uns aufgehört hat.« Sein Blick verriet, dass er nach etwas suchte. »An-An- … Andreev, genau … nein, nein, Antonow, ja, Sergej Antonow, so hieß er. Genau wie unser Flugzeug, An-24! Und An steht für Antonow! Sehr sympathischer Junge!«

In einem Villenvorort von Varna bezogen wir eine Ferienwohnung, ganz nah am Meer. Allerdings gingen die Fenster nicht aufs Meer hinaus, sondern auf das Wäldchen hinter dem Haus. Im Schatten der Bäume, an ein langes Seil gebunden, graste gleichmütig ein Schaf. Auf den Strandbesuch und das anschließende Mittagessen folgte der obligatorische Mittagsschlaf, eine mir verhasste Routine. Ich musste meinen Schlafanzug anziehen und mich ins Bett legen. Eine gewisse Schwierigkeit bestand darin, so lange in Schlafstellung zu verharren, bis ich meinen Vater nebenan endlich schnarchen hörte. Dann konnte ich leise aufstehen und etwas unternehmen. Aber was?

Ich gehe auf den Balkon, schaue mich um. Brütende Hitze. Es ist so heiß, dass selbst das Schaf im Wäldchen sich nicht rührt. Ich hatte schon so oft vom Reiten geträumt. Und plötzlich bietet sich da eine Möglichkeit … Das Schaf ist zwar kein Pferd, aber es hat immerhin die Größe eines Ponys. Ich klettere vom Balkon in den Garten hinunter und begebe mich zum Wäldchen. Das Schaf bewegt sich nicht, was ich als Zeichen seiner Bereitschaft nehme. Es lässt sich sogar streicheln. Ich weiß, wie man ein galoppierendes Pferd an der Mähne festhält, um sich dann mit einem Satz auf seinen Rücken zu schwingen. Das hatte ich bei Gojko Mitić, einem der tapferen Söhne der großen Bärin, genau beobachtet. Die Indianerfilme der DEFA gehörten zum Repertoire des Kinos Georgi Dimitroff. Also packe ich das brave Tier an der Wolle und springe auf. Tatsächlich verwandelt sich das Schaf in einen Mustang, der partout nicht gezähmt werden will! Den ersten Bocksprüngen halte ich noch stand, aber dann muss ich aufgeben und knalle auf den Boden. Das Schaf stürzt mit solcher Wut davon, dass das Seil reißt. Sein empörtes Blöken verliert sich in der Ferne. Der Indianer im Pyjama ist völlig perplex. Der Rücken tut ihm weh. Er steht auf, schüttelt den Staub ab, trottet zum Haus zurück, klettert über den Balkon ins Zimmer und schläft sofort ein.

Am 13. Mai 1981 wollte der Pole Karol Wojtyla, bekannt auch unter dem Namen Johannes Paul II. als Oberhirte der römisch-katholischen Kirche, auf der Piazza San Pietro im Vatikan vor seine Schafe treten. Unter die Herde mischte sich ein Wolf. Mehmet Ali Ağca, wie sein Name lautete, war Mitglied der Grauen Wölfe, einer türkisch-nationalistischen Terrororganisation. Im Auftrag der GRU, des Militärgeheimdienstes der Sowjetunion, sollte er an diesem Tag den Papst eliminieren, da dieser die Solidarność unterstützte, die freie Gewerkschaftsbewegung seiner polnischen Landsleute. Die Führung in Moskau befürchtete Auswirkungen auf den gesamten Ostblock. Ali Ağca schoss und traf. Da das Papamobil erst nach diesem Attentat sein Panzerglas erhielt, gab es nichts, was den Papst schützen konnte. Blutüberströmt brach er vor den entsetzten Augen der Weltöffentlichkeit zusammen. Er überlebte nach einer fünfstündigen Operation und mithilfe der Muttergottes von Fatima, deren Gedenktag vielleicht nicht zufällig auf diesen Tag fiel. Aus Dankbarkeit für seine Rettung ließ der Papst das Projektil, das man ihm aus dem Unterleib entfernt hatte, vergolden, in eine Krone einsetzen und brachte diese nach Fatima in Portugal, dem Wallfahrtsort der Gottesmutter.

Einige Monate später schaute ich die Sendung *In der Welt und bei uns*, die bulgarische Variante der *Tagesschau*. Mit monotoner Stimme verlas der Sprecher die Nachrichten: »Sergej Antonow, der Vertreter der bulgarischen Fluggesellschaft in Rom, wurde von den italienischen Behörden festgenommen.« Ein Foto des Attentäters kam ins Bild. Freundliche Ausstrahlung, schwarzes Brillengestell, schwarzer Schnurrbart, schwarzes, ordentlich gekämmtes Haar. Das ist er doch! »Ihm wird vorgeworfen, am Attentat auf Papst Johannes Paul II. beteiligt gewesen zu sein. Nach Aussage des Attentäters Mehmet Ali Ağca soll Antonow die Tat mit ihm zusammen geplant haben.«

Ich konnte es nicht glauben. Es war die Rede von einer

Beteiligung des bulgarischen Geheimdienstes, der im sowjetischen Auftrag gehandelt habe. Sergej – ein Spion, ein Mörder? Es fiel mir schwer, eine Verbindung zwischen dem freundlichen Mann vom Flughafen und dem verwirrten Menschen auf der Anklagebank herzustellen. Er blieb für mich Sergej, der ehemalige Beleuchter, der Freund von Papa, der mir zu meinem ersten und einzigen Ausritt auf einem Schaf verholfen hatte.

Nach zweijähriger Gerichtsverhandlung wurde die Anklage gegen Sergej aus Mangel an Beweisen fallen gelassen. Selbst das Opfer, der polnische Papst, war überzeugt, dass der Angeklagte unschuldig war. Antonow kehrte vollkommen zermürbt nach Sofia zurück und verschwand. Ich erinnere mich an eine Reportage über ihn, die erst nach der Wende entstand. Versunken hockte er im Sessel, entleerter Blick, schwarzes Brillengestell, grauer Schnurrbart, ungekämmtes graues Haar. Er weigerte sich, über seine Zeit in der Haft zu sprechen. Im Jahr 2006 starb er. Man fand ihn erst nach Tagen. Der Arzt stellte einen natürlichen Tod fest.

7 DAS SCHWARZE MEER UND SEINE SOMMERGÄSTE

Die Ferien fingen Mitte Juni an und endeten Mitte September. Drei Monate Ferien, mindestens zwei davon am Meer!

Wir nahmen den Flieger von Sofia nach Burgas und fuhren von dort mit dem Taxi sechzig Kilometer in südlicher Richtung. Unser Ziel: Vasiliko, ein verlassenes Fischerdorf, bestehend aus ein paar vereinzelten alten Häusern, die außerhalb der Saison nur von wenigen müßigen Fischern und allein gebliebenen alten Frauen bewohnt wurden. Auf dem Sand in der kleinen Bucht lagen einsam zwei Boote, die nur ab und an zu Wasser gelassen wurden. Die Kinder hatten ihre Eltern im Dorf zurückgelassen, lebten irgendwo in der Großstadt und kehrten selten heim. Und wenn sie zurückkamen, dann oft nur, um ein paar Kilo Tomaten, Gurken, Zucchini oder Auberginen abzuholen, die ihre Eltern in kleinen Gärten anbauten. Um ihre schmale Rente aufzubessern, vermieteten die Alten ihre Häuschen an Sommergäste. Sie kamen alle aus Sofia: untereinander befreundete Künstler – Schauspieler, Regisseure, Maler, Musiker –, die mit ihren Familien anreisten, sich Jahr für Jahr in dieselben Häuser einmieteten und das Dorf den Sommer über in eine Kolonie von Bohemiens verwandelten.

Die Häuser verfügten über drei oder vier kleine Zimmer, verteilt auf zwei Etagen, die mit einer engen Holztreppe verbunden waren. Die alten Holzdielen knarzten und verrieten jede Bewegung. Man duschte draußen unter einer schwarz angemalten Tonne aus Metall, an der ein Duschkopf angeschlossen war. Auch gekocht wurde unter freiem Himmel. Zu jedem der Häuser gehörten ein Gemüsegarten und eine Laube aus Holz oder Eisen, über deren Sprossen die Weintrauben rankten und so den halben Garten beschatteten. Darunter der Tisch, bedeckt mit einer geblümten Plastikdecke, und ringsum rohe Holzbänke. Alles etwas schäbig, aber charmant und sauber.

Was sich an diesen Tischen Abend für Abend abspielte, das machte den Zauber des Sommers aus: Die Sommergäste luden sich gegenseitig ein, Ungeladene kamen dazu. Sie lachten, stritten, verhandelten große Themen, lästerten und tranken, jemand holte eine Gitarre, es wurde gesungen. Falls wir Kinder noch nicht im Bett waren, wurden wir zur »Bude« geschickt, um Nachschub zu holen. Das Lieblingsgetränk: *Menta* mit *Mastika*, eine grüne, unglaublich süße Flüssigkeit mit zweiundzwanzig Prozent Alkoholanteil und Mentholgeschmack, gemischt mit einem milchig weißen Anisschnaps. Das Ganze wurde liebevoll »Wolke« genannt. Und so schwebten die Sommergäste durch die warmen Nächte auf ihren Wolken davon.

Wir waren frei. Zehn, manchmal auch zwanzig Kinder unterschiedlichen Alters, die sich jeden Sommer trafen. Auf den schmalen unbefestigten Dorfstraßen fuhren keine Autos. Die Tage verbrachten wir bei den Felsen, die die Bucht einrahmten. Wir schwammen und sprangen um die Wette von den Klippen, probierten verschiedene Kunststückchen und kletterten über scharfe Felskanten, um einen noch kühneren Sprung zu wagen. Mit blutenden Fingern und Knien zogen wir uns an den Algen aus dem Wasser, dann begann das Spiel von Neuem. Wir tauchten und sammelten Muscheln. Manchmal badeten wir nachts, machten Feuer am Strand, legten auf die Glut ein altes rostiges Blech mit der Beute des Tages: Es zischte in den Schalen der Muscheln, kleine Bläschen traten aus dem Spalt, dann öffnete sich das Gehäuse. Jetzt musste man nur noch den kleinen Zopf Algen abreißen, und schon konnte man das Muschelfleisch runterschlucken.

Die Eltern lagen am Strand und setzten die Diskussionen vom Vorabend fort. Die Mütter versteckten sich hinter einem halb verfallenen Zaun, der den ohnehin nicht besonders großen Sandstrand in zwei Zonen aufteilte: »Gemischt« (für alle) und »Eva« (nur für Frauen). Dort konnten sie ungeniert ihre Badeanzüge ausziehen und die nackten Glieder in der Sonne ausstrecken. Von der regen Unterhaltung bekamen die allein gebliebenen Männer nicht viel mit – sie wurde übertönt von der Brandung und dem Rasseln der Muscheln, wenn sich die Wellen wieder zurückzogen. Ab und zu aber setzten sich Lachsalven durch und kitzelten die Neugier der Ausgeschlossenen.

Der Typ, der sich selbst als Fechtmeister bezeichnete und von unseren Eltern nur »Schorsch das Florett« genannt wurde, war ein richtiges Mannsbild: fast zwei Meter groß, athletisch, mit pechschwarzem schulterlangem Haar, das er gern im hohen Bogen von einer Seite auf die andere warf. Am Strand demonstrierte er vor versammeltem Publikum die verschiedenen Fechthaltungen und erklärte uns die Grundregeln seines Sports. Er behauptete, sechsfacher Weltmeister gewesen zu sein, was uns Kinder sehr beeindruckte. Schorsch das Florett brachte uns Kartentricks bei, ließ Münzen aus unseren fest verschlossenen Fäusten verschwinden oder schwamm uns den »Schmetterling«, wobei seine mächtigen Pranken so viel Wasser aufwirbelten, dass ihm alle ausweichen mussten. Er ließ keine Gelegenheit aus, um mit einem dröhnenden Lachen seine blendend weißen Zähne unter dem schwarzen Schnauzer zu zeigen. Unseren Eltern war er suspekt. Uns Kindern gefiel er. Vielleicht auch, weil er dem Kerl ähnelte, der auf dem Etikett der Gläser unserer heiß geliebten *Ljutenica* prangte – dem Püree aus gegrillten Paprika und Tomaten. Auf dem Bild trug er bulgarische Bauerntracht samt Schaffellmütze und einem mächtigen Schnurrbart. Der Künstler, der das Etikett entworfen hatte, musste *Baj Ganjo* im Sinn gehabt haben – den Antihelden des bulgarischen Nationalepos von Aleko Konstantinov. Baj Ganjo ist ein Mythos: bauernschlau, rücksichtslos, schlecht erzogen, primitiv, präpotent, laut, opportunistisch und sehr erfolgreich. Er reist durch Europa, fährt nach Russland, wird Journalist, besucht den Zaren, geht in die Oper, badet im Stadtbad, organisiert

Wahlen und wird sogar Abgeordneter im Parlament. Noch immer beginnen viele Witze so: »Der Franzose, der Deutsche und Baj Ganjo ...« Konstantinov, der elegante Schriftsteller der Jahrhundertwende, verewigte in dieser Gestalt den versammelten Stumpfsinn der Nation, der leider bis heute nichts von seiner Schlagkraft eingebüßt hat.

Wahrscheinlich war sich Georgi Gantschev, wie Schorsch das Florett mit bürgerlichem Namen hieß, weder seiner Verwandtschaft mit dem Etikett auf der Konserve noch mit Baj Ganjo bewusst. Er lebte schon lange nicht mehr in Bulgarien und versuchte, die Spuren seiner Herkunft zu verwischen. Er sprach mit starkem amerikanischem Akzent und konnte sich angeblich nicht mehr an viele Wörter seiner Muttersprache erinnern. Seinen bulgarischen Namen Georgi hatte er gegen den französischen Georges eingetauscht. Es hieß, er habe vor Jahren bei einem Fechtturnier eine Engländerin kennengelernt, sie vom Fleck weg geheiratet und sei auf diese Weise nach Amerika gelangt. Dort habe er sich scheiden lassen und sich anschließend in Los Angeles herumgetrieben. Jetzt war er besuchsweise in die Heimat zurückgekehrt und wedelte mit der alten Ausgabe einer Boulevardzeitung, deren Gesellschaftsnachrichten ein winziges Foto enthielten, auf dem man ihn umzingelt von pensionierten Schönheiten bewundern konnte. Er prahlte mit seiner Freundschaft zu Jack Nicholson, der mit ihm Basketball spielte, und zu Jon Voight, mit dem er ich-weiß- nicht-was machte. Beide nannte er nur beim Vornamen.

Schorsch verkündete, ihm sei zu Ohren gekommen, dass

die Boheme Sofias den Sommer in diesem kleinen Dorf am Meer verbringe. Daher fühle er sich verpflichtet, hier aufzutauchen, denn er sei auch Regisseur, Produzent, Schauspieler und Drehbuchautor und habe so manches Großprojekt in Arbeit, für das er die passende Besetzung suche. Man ließ ihn erzählen. Immerhin boten seine Prahlereien ergiebigen Stoff zum Lästern. Es kam der Abend, an dem Schorsch erfuhr, dass meine Mutter mit einem bekannten Schauspieler verheiratet war. »Das trifft sich gut, *my darling*! Wann kommt er?«, rief er exaltiert. »Ich mache ihm ein Angebot. Ich werde *Warten auf Godot* am Nationaltheater inszenieren und brauche ihn.« Meine Mutter lachte ihn aus. »Mein Mann würde an diesem Theater keine andere Rolle annehmen als die von Godot selbst!« Schorsch nickte bestätigend und rollte sein amerikanisches r: »*Oh yes, my darling!* Selbstverständlich brauche ich ihn für die Hauptrolle.« Der ganze Tisch lachte. Offenbar kannte Schorsch nur den Titel des Stücks und wusste nicht, dass Godot bei Beckett gar nicht auftaucht. Vor allem aber galt das Nationaltheater zu dieser Zeit als Tempel der systemkonformen Kunst und engagierte nur der Partei ergebene Schauspielerinnen und Schauspieler. Deren Treue wurde belohnt mit einem offiziellen Titel wie »Verdienter Künstler« oder »Künstler des Volkes« und begleitet von einem ansehnlichen monatlichen Bonus. Für meinen Vater wäre es undenkbar gewesen, seine künstlerische Unabhängigkeit für auch nur eines dieser Privilegien zu verkaufen. Am Nationaltheater hätte man also wirklich lange auf ihn warten können. Als sich die Geschichte über die Zäune des Dorfes verbreitete, war Schorsch erledigt. Man ließ ihn nicht mehr zu Wort kommen, nicht mal als Witzfigur hatte er eine Chance. Und so plötzlich, wie er gekommen war, verschwand er.

Und kam zwanzig Jahre später wieder. Er hatte sich eine Wampe zugelegt, das schüttere Haar und den Schnauzer schwarz gefärbt, nannte sich nun Georges Gantschev und schaffte es immerhin, zwölf Prozent der bulgarischen Wählerschaft hinter sich zu bringen. Als Anführer des von ihm gegründeten BBB (Bulgarischer Business Block) zog er ins Parlament ein und kandidierte mehrmals bei Präsidentschaftswahlen. Die ganze Farce war selbstverständlich vorbereitet, eine dreiste Machenschaft der abgesetzten kommunistischen Regierung und deren Kader, die nach wie vor die Fäden in Händen hielten und jede Gelegenheit wahrnahmen, das politische Leben nach der Wende unter Kontrolle zu behalten. Unter dem Decknamen »Georges« war Georgi Gantschev jahrelang für die zweite Abteilung der Staatssicherheit tätig gewesen.

Das Land, in dem ich aufgewachsen bin, bietet eine große Bühne für solche Inszenierungen und wird nicht ganz zu Unrecht »Das Land der unbegrenzten Unmöglichkeiten« genannt. Baj Ganjo stand wieder im Rampenlicht und nahm den Applaus selbstzufrieden entgegen.

»Eesseeen koommeeen!«, hörten wir aus der Ferne die Mütter rufen. Widerwillig brachen wir den Wettkampf ab und kehrten mit blauen Lippen und zitternd vor Kälte heim.

Nach dem Mittagessen machten die Eltern ihre Siesta –

sie mussten sich schließlich auf die nächste Abendrunde vorbereiten. Wir pfiffen uns über die Gartenzäune zu, und nicht viel später trafen wir uns bei der verlassenen Kirche. Sie hing auf einem Riesenfelsen über dem Meer, direkt gegenüber unserer Sprungstelle. Ihre dicken Mauern boten Schutz vor der Mittagshitze. Um hineinzugelangen, musste man durchs Fenster neben dem Portal klettern und aufpassen, dass man nicht an einem Nagel hängen blieb. Das Innere der Kirche war vollkommen verwüstet. Wir malten uns aus, dass plündernde Piraten vor lauter Wut, weil sie nichts finden konnten, was einem Schatz auch nur ähnlich war, alles zertrümmert hatten. Das hinderte uns allerdings nicht daran, selbst auf die Suche zu gehen. Vor der leeren Ikonenwand war ein Stein mit eingemeißelten Schriftzeichen im Boden eingelassen. Was da stand, war nicht klar, aber wir waren sicher, dass dort der Schatz vergraben sein musste. Entweder hatten die Piraten nicht lesen können oder den Stein ganz einfach übersehen. Was für ein Glück! Nachdem das Loch, das wir ausgehoben hatten, fast einen Meter tief geworden und der Spaten immer noch auf keine Schatztruhe gestoßen war, beschlossen wir, die weitere Suche auf den nächsten Sommer zu verschieben.

Von der Treppe zur Empore waren höchstens zwei oder drei Stufen übrig geblieben, wir mussten uns also sehr vorsichtig gegenseitig hochziehen. Dann hockten wir oben bis zum Sonnenuntergang, spielten Karten und erzählten uns Geschichten. Später, mit der ersten Behaarung, kamen die ersten Zigaretten, die ersten Küsse und die schmutzigen Witze.

Eines Nachmittags tauchte ich mit Verspätung in der Kirche auf. Meine Mutter hatte mich, anders als sonst, gleich nach dem Mittagessen zum Einkaufen geschickt. Ich war sauer, weil sie sich nicht an die Regeln hielt und damit meinen Tagesrhythmus durcheinanderbrachte. Fluchend stieg ich durchs Fenster der Kirche ein. Drinnen herrschte Totenstille. Ich dachte, meine Freunde versteckten sich, um mich zu erschrecken. So leise ich konnte, kletterte ich also auf die Empore hinauf. Keiner da. Ich rief nach ihnen. Meine Stimme hallte wider in dem kahlen Gewölbe. Und da entdeckte ich sie, in der Nische der Apsis. Die ganze Clique hing aneinandergedrängt am Fenster. »Was gibt es denn da zu glotzen?«, rief ich. »Kommt ein Ufo vorbei?« Keine Reaktion. Ich quetschte mich zwischen die anderen und schob meinen Kopf hinaus. Das Meer war ruhig. Die Kometa, die sowjetische Variante eines Luftkissenboots, fuhr den Horizont entlang, nichts Unübliches zu dieser Tageszeit. Meine Freunde aber grinsten und bedeuteten mir mit einem Nicken, nach unten zu schauen. Also suchte ich den kleinen steinigen Strand unterhalb des Felsens ab. Was ich sah, machte mich sprachlos.

Er lag auf dem Rücken. Sie saß rittlings auf ihm drauf, ungefähr auf der Höhe seiner Hüften. Beide vollkommen nackt. Von unserer Position aus schien es, als ob sie reglos wären, als warteten sie auf etwas. Vielleicht redeten sie miteinander. Er legte seine Hände auf ihre Brüste und schob sie hin und her. Daraufhin erhob sie sich leicht, griff mit einer Hand unter sich, als suchte sie nach etwas, das sie daran hinderte, bequem zu sitzen, fand es offenbar, aber anstatt sich zu entspannen, begann sie Kniebeugen zu machen. Der Rhythmus dieser Bewegung wurde zunehmend schneller. »Hoffentlich haben sie genügend Strandtücher unter sich gelegt«, dachte ich, »sonst wird es unbequem.«

Plötzlich sprang die Frau auf, drehte dem Mann den Rücken zu, lief ein paar Meter, beugte sich vor und stützte sich an einer Felswand ab. »Ist sie ihm böse? Hat er sie beleidigt?«, fragte ich mich. Er folgte ihr, blieb direkt hinter ihr stehen, packte sie an den Hüften, zog sie langsam zu sich heran und schubste sie dann abrupt mit dem Unterkörper wieder nach vorn. Das wiederholte sich und dauerte eine ganze Weile. Niemand von uns wagte, auch nur ein Wort zu sagen. Irgendwann begann die Frau Laute auszustoßen. Wir konnten uns nicht einigen, ob vor Freude oder Schmerz. »Es ist möglicherweise beides«, sagte ich wissend.

Einmal wöchentlich lief im Fernsehen die Sendung *Eros und Thanatos*. Spätabends erläuterte ein Kunsthistoriker anhand von Beispielen aus der bildenden Kunst das Verhältnis zwischen Erotik und Tod. Was mich daran interessierte, war die abgebildete Nacktheit. Für den bulgarischen Sozialismus war die Sexualität in all ihren Aspekten einfach nicht vorhanden. Deshalb provozierte die kulturgeschichtliche Sendung körperliche Regungen in mir, die ich so bis dahin nicht kannte. Ich wollte auf gar keinen Fall davon lassen. Immer wenn meine Eltern nicht zu Hause waren, schaltete ich den Fernseher ein. Glücklicherweise waren sie oft unterwegs, und ich konnte ungestört die intimsten Einblicke in das Geschlechtsleben griechischer Götter und biblischer Gestalten von der Antike über die Renaissance bis in die Moderne gewinnen.

Plötzlich donnerte es. Wir hatten nicht bemerkt, wie der Himmel sich verfinsterte. Erste Tropfen fielen. Sie wurden dicker. Der Mann schubste weiter und heftiger, die Frau schrie immer lauter, während der Regen auf sie niederprasselte.

In einem dieser Sommer verliebte ich mich in ein Mädchen, das vier Jahre älter war. Sie war auch verliebt, aber leider nicht in mich, sondern in einen Typen, der vier Jahre älter war als sie selbst. Meine Chancen waren gleich null, aber ich gab nicht auf und nutzte jede Gelegenheit, ihr zu zeigen, wie sehr ich litt. Wenn wir zum Beispiel nachts am Strand Feuer machten, ließ ich mich traurig abseits von den anderen nieder, schaute finster aufs Meer hinaus und achtete darauf, dass ich für das Objekt meiner Begierde gut sichtbar war. Ich weiß nicht, warum ich auf den Gedanken verfiel, ihre Liebe durch Mitleid zu gewinnen. Ich stellte mir vor, sie würde sich zu mir setzen und fragen, warum ich so traurig bin. Und dann würde ich ihr enthüllen, dass mich ein ungeheurer Schicksalsschlag getroffen habe. Sie würde mich trösten wollen und wer weiß, vielleicht sogar küssen …

Nach zwei oder drei Versuchen trug meine Strategie Früchte. Sie setzte sich zu mir. Ich war so überwältigt, dass ich kein Wort herausbrachte. Die Szene entwickelte sich zunächst wie gewünscht: Sie stellte die richtigen Fragen, ich wollte nicht gleich antworten, dann aber doch, unter der Bedingung, dass sie es für sich behielte. Nur konnte ich mich nicht entscheiden. Es musste etwas wirklich Schreckliches sein. Vielleicht Krebs?

»Ich muss dir etwas gestehen«, hörte ich mich leise sagen, »nur dir kann ich es erzählen. Neulich habe ich einen Brief entdeckt … Stell dir vor, meine Eltern sind nicht meine Eltern. Falls du weißt, was ich meine.« – »Nee«, sie schüttelte den Kopf, »ich weiß nicht, was du meinst.« Sie war weder verständnisvoll, noch zeigte sie Mitgefühl, und Anstalten, mich zu küssen, machte sie auch keine. Wir saßen nebeneinander und schwiegen. Dann schielte sie hinüber zu den anderen am Feuer, und mich ergriff langsam die Panik: Was, wenn sie das ausplauderte? Ihre und meine Eltern waren ziemlich gut befreundet. Ich fing an zu stottern: »Aber vielleicht stimmt es auch nicht, kann sein, dass ich da was missverstanden habe … Ich muss einfach oft daran denken, verstehst du, ist doch normal, oder? Also mach dir keinen Kopf!« Sie stand auf. »Mache ich mir auch nicht. Gehen wir ans Feuer, es wird kühl.« Zwei Tage später fuhr sie ab. Sie kam nie wieder.

MAMA, PAPA, SANCHO 8

Mit dem Ende der Kindheit verschwand das Etagenbett aus meinem Zimmer. Die Strickleiter wurde eingezogen, das Oberdeck abgeschafft, und das übrig gebliebene Einzelbett lichtete die Anker, spannte die Segel am Mast und trug mich durch die unsicheren Gewässer der Pubertät.

Gleichzeitig fanden andere große Veränderungen in unserer Wohnung statt: Das Vestibül wurde zur Küche umfunktioniert. In deren Mitte kam ein kleiner Tisch, sodass plötzlich so etwas wie ein Esszimmer entstand. Man konnte dort sitzen und zu festen Zeiten gemeinsame Mahlzeiten einnehmen. Die ehemalige Küche wiederum wurde zum Schlafzimmer der Eltern. Dafür musste allerdings der gusseiserne Heizkörper direkt unter der Zimmerdecke aufgehängt werden, damit das Ehebett darunter Platz fand – wieder so eine Patentlösung meines Vaters. Bis dahin hatten meine Eltern nicht neben-, sondern hintereinander schlafen müssen, also an der Wand entlang, da sie ihr Schlafzimmer mit dem Flügel, dem Klavier und der Bibliothek teilten. Jetzt, nach dreizehn Jahren, hatten sie endlich ein ordentliches Ehebett. Ob es dafür nicht schon zu spät geworden war, interessierte mich damals wenig.

Eine nächtliche Szene taucht vor mir auf. Ich liege schlafend im Bett. Meine Eltern sind nach Hause gekommen. Es muss ziemlich spät sein, jedenfalls nach Mitternacht. Ich werde von meiner Mutter geweckt, sie sitzt am Bettrand, ich sehe ihr Gesicht über mir, und an ihrem weichen Blick erkenne ich, dass sie getrunken hat. Ich höre meinen Vater im Hintergrund herumlaufen, aber bin zu verschlafen, um festzustellen, ob er auch im Raum ist. Mama streichelt mir über die Haare und sagt mit zarter Stimme: »Was würdest du sagen, wenn Papa und ich uns scheiden lassen?« Ich stoße ein kurzes kategorisches »NEIN!« aus und drehe mich von ihr weg. In der Stille vernehme ich einen Seufzer. »Weißt du«, fährt sie langsam fort, »es wird sich für dich überhaupt nichts ändern. Für Papa und mich auch nicht. Es ist manchmal so, dass zwei Menschen nicht zusammenleben können, obwohl sie sich sehr mögen und schätzen.« Ihre Stimme wird brüchig. »Und um ihre Freundschaft nicht zu zerstören, ist es vielleicht besser für sie, auseinanderzugehen. Du weißt, dass die tiefe Freundschaft zwischen zwei Menschen, egal ob Mann oder Frau, das Wichtigste im Leben ist. Und du wirst von uns beiden deswegen nicht weniger geliebt.« Ich schweige hartnäckig und verstecke mich unter der Decke. Die Vorstellung von der Trennung meiner Eltern will mir nicht in den Kopf, und ich versuche sie eilig in einen dummen schlechten Traum einzubinden. Mama versteht, sagt kein Wort mehr, streichelt nochmals die Decke an der Stelle, wo sie meinen Kopf vermutet, und verschwindet aus dem Zimmer.

An einem verregneten Herbsttag betritt mein Vater die Wohnung. Nach längerer Abwesenheit, wahrscheinlich Dreharbeiten irgendwo in der Provinz, kommt er zurück nach Hause. In seinen Händen hält er ein Geschenk für meine Mutter: ein Paar Damenstiefel. Ihre Form ist ungewöhnlich und irgendwie ambitioniert. Die Farbe ist Rot, fast Orange, sie leuchtet mit der Intensität einer Verkehrsampel. Im Grau des Nachmittags wirkt sie noch stärker. Mama zeigt keine Reaktion. Papa begeistert sich, er habe die Stiefel schon von Weitem leuchten sehen. Im Schaufenster des Schuhladens der kleinen Provinzstadt – oder war es eher ein Eisenwarengeschäft –, egal, er wisse es nicht mehr, aber er habe sofort an Mama gedacht und wie lange sie sich schon ein Paar schöne Stiefel wünschte. Oh, sie würde sich bestimmt freuen. Doch sind diese Stiefel keine italienischen, sie sind auch nicht aus Leder, sondern aus Gummi. Meine Mutter nimmt sie wortlos entgegen und schmettert sie an die Wand. Mein Vater schaut verwundert: »Es sind doch wunderbare Stiefel«, sagt er, »schau dir das Wetter an.« – »Kannst du selber tragen«, sagt sie. »Nicht meine Größe«, antwortet er. »Dann mach doch vorne Löcher rein, du hast doch sonst immer so praktische Ideen! Und wenn du kalte Füße kriegst, trägst du sie halt, wenn's wieder warm wird, als Sandalen, die Farbe passt eh besser für den Sommer.«

Meine Mutter hat eine sehr direkte Art, die Dinge zu benennen. Sie ist leicht entflammbar, sei es vor Begeisterung oder vor Enttäuschung. Sie mag sich nicht verstecken, um den heißen Brei herumreden oder gar lügen.

Gemeinsames Mittagessen. Das kommt nicht so oft vor in unserer kleinen Familie. Mama ist gerade dabei, die letzten Vorbereitungen abzuschließen. Papa und ich sitzen schon am Tisch und warten. Er nimmt eine Gabel und schlägt damit einen Rhythmus auf den Tischrand. Zuerst leise, dann mutiger und lauter. Ich nehme auch eine Gabel, schließe mich dem Rhythmus an und entwickle ihn weiter. Mama stellt das Essen auf den Tisch und setzt sich zu uns. Unsere Improvisation will nicht aufhören. Jetzt kommen andere Instrumente ins Spiel: Messer, Teller, Gläser, der Salzstreuer. Alles, was Klang hat, wird zu Musik. Wir stacheln uns gegenseitig an und ignorieren die scharfen Blicke meiner Mutter, bis ein gewaltiger Knall unserem Konzert ein furioses Ende setzt. Mama hat die Tür hinter sich zugeschmissen, und die Glassplitter der Scheibe fliegen durch die Gegend. Papa zwinkert mir zu: »Hast du gehört? Genau auf die Eins!«

Es ist Sommer, früher Abend, man hat uns zum Essen eingeladen. Wir gehen zu Fuß, zielstrebig, schnell, gut gelaunt. Auf einmal fange ich an, einen behinderten Menschen zu spielen, was mir in dieser Periode meines Lebens ein geradezu sadistisches Vergnügen bereitet. Ohne jegliche Skrupel verkrümme ich meine Finger, zwinge Beine und Arme zu unmöglichen Verrenkungen, verziehe mein Gesicht und lasse es zur Hälfte versteinern, meine Augenlider beginnen zu zittern, Speichel tropft aus meinem Mund, ich gebe animalische Laute von mir, ziehe meine Mutter am Kleid und stottere hilflos: »Maaamaaa!« Sie dreht sich Hilfe suchend meinem Vater zu, der sofort reagiert: Er packt sie unterm Arm, verdreht die Augen nach oben, sodass man nur das Weiße der Augäpfel sieht, hebt den Kopf gegen den Himmel, öffnet leicht den Mund und fängt an, sich in kleinen schnellen Schritten vorwärtszutasten. Meine Mutter, links einen Krüppel, rechts einen Blinden, schreit: »Ihr seid wirklich Idioten!«, und reißt sich von uns los. Eine Passantin schaut ihr entsetzt nach und wendet sich anschließend uns zu. »Kann ich irgendwie behilflich sein?« Papa und ich sind stolz aufeinander.

9 EIN KONZERT

»Deine Mutter ist eine großartige Pianistin und verdient Bewunderung«, sagt mein Vater oft zu mir. Im Gegensatz zu der staatlichen Konzertagentur, die sich um Werbung nicht kümmert, nimmt er diese Aufgabe sehr ernst. Immer wenn sich ein Konzerttermin nähert, ist er derjenige, der sich um die Plakate kümmert – den Entwurf, den Druck und den Vertrieb. Er verschickt die Einladungen, er klappt sein Adressbuch auf und wählt alle Nummern, die er dort findet.

Sala Bulgaria, der wichtigste Konzertsaal des Landes, ist an diesem Abend voll besetzt. In der ersten Reihe sitzen Kolleginnen und Kollegen meiner Mutter. Es sind befreundete Musiker und auch Studenten, denn Mama unterrichtet mittlerweile selbst am Konservatorium. Jetzt nehmen sie langsam ihre Plätze ein, begrüßen sich, blättern im Programmheft. Der prominenteste Platz, direkt gegenüber dem Flügel, gehört Frau Professor Atanassowa, einer der wenigen Personen, vor denen meine Mutter Ehrfurcht empfindet. Mama war ihre Studentin am Konservatorium, und vom Urteil ihrer

Professorin hängt ihr Selbstvertrauen ab, zumindest teilweise.

Sobald ihre ehemalige Lehrerin auftaucht – sei es bei einer Probe, zu Hause oder beim Konzert –, benimmt sich Mama auf einmal wie eine Studentin. Ihre Verehrung drückt sich schon in der Anrede aus: Sie sagt nicht »Genossin«, sondern verwendet die herkömmliche Formel »Frau Professor«, die offiziell verpönt ist, weil sie als bürgerlich gilt.

Lili Atanassowa war selbst einmal erfolgreiche Pianistin, »eine der besten, die wir haben«, wie Mama sagt. Für mich ist sie eine sympathische ältere Dame, immer bescheiden, aber elegant angezogen, mit einer Hochfrisur, die hinten am Kopf in einer sogenannten Banane zusammengefasst ist. Längliches Gesicht und eng stehende Augen, die beides ausstrahlen: Strenge und Wärme. Sie raucht, daher wahrscheinlich ihre tiefe Stimme, ähnlich der meiner Großmutter in Plovdiv. Der Respekt, den sie bei meiner Mutter hervorruft, überträgt sich automatisch auf mich, und ich nenne sie auch »Frau Professor«. Mir scheint, sie mag mich.

Frau Atanassowa kommt immer in Begleitung ihres Mannes, eines Architekten – noble Erscheinung mit Fliege um den Hals, dem Abzeichen seiner Zunft. Manchmal ist auch ihre Tochter dabei, eine junge Chemikerin, leicht verschämt und schweigsam. Die beiden bringen die Frau Professor an ihren Platz und verziehen sich nach hinten.

Für mich und Papa ist die erste Reihe tabu – unsere Anwesenheit dort würde meine Mutter zu sehr stören. Also sind unsere Plätze irgendwo in der Mitte des Saals. Nicht weit von uns: die Levis, eine jüdische Familie, ebenfalls treue Besucher der Konzerte und gute Freunde meiner Eltern. Albert und Radka mit ihrer Tochter Ida, die Studentin ist an der Kunstakademie. Sie hält sich streng ans Klischee: schief aufgesetzte Baskenmütze und ein umgeworfener Schal. Ihrem Vater ist sie wie aus dem Gesicht geschnitten, zierlich und spöttisch. Der schwarze Lidstrich betont die Helligkeit ihrer Haut. Sie spricht leise und gedehnt und wirft durchdringende Blicke um sich. Leider ist sie unerreichbar viel älter als ich. Ihr Vater Albert ist Atomphysiker, ein Skeptiker, der allem misstraut, was nicht wissenschaftlich bewiesen werden kann. Papa liebt seinen Sarkasmus gegenüber jeder Form von Metaphysik wie Spiritismus, Parapsychologie und Religion. Die beiden können stundenlang fachsimpeln und Witze darüber machen. Zu Hause trägt Albert meistens ein schwarzes Haarnetz, das sein spärliches nach vorn gekämmtes Haar an den kahlen Schädel presst. Er hat lustige Augen und eine große, krumme Nase, über der ein schwarzes Brillengestell sitzt. Papa bewundert die Tatsache, dass Albert über alles Bescheid weiß, und ist vor allem fasziniert von dem Gegenstand seiner Forschungen. »Das Sehen« oder »Die Zeit« sind Begriffe, die mir in Erinnerung geblieben sind, ebenso der Titel eines von Albert verfassten Buches, *Wissenschaft und Un-Wissenschaft.* »Ist das, was wir sehen, tatsächlich das, wofür wir es halten, was meinst du, Sancho?«, fragt Albert. Und dann will er von mir wissen: »Wie viele Beine hat das kleine Kamel?« Nachdem ich jedes Mal überzeugt »Vier« sage, grinst er schelmisch. »Ich würde mir da nicht so sicher sein.«

Ein paar Reihen weiter sitzen die Daniels, Leon mit seiner Frau Betti, ein anderes jüdisches Ehepaar – die Trauzeugen meiner Eltern. Deren Sohn Ariel ist auch Maler, zwei Jahre älter als Ida Levi und mit ihr liiert. Das weiß ich von meiner Mutter, der er alles anvertraut. Ich weiß außerdem, dass Ariels Mutter Betti mit der Liaison nicht ganz einverstanden ist. Sie macht sich Sorgen um die Zukunft ihres Sohnes, da Idas Mutter nicht jüdisch ist. Das wiederum gibt Idas Vater Albert Anlass zu der Bemerkung: »Die Mischung macht's, Betti!«

Für mich selbst wäre die Mischung, die Ida ausmacht, kein Problem, aber die zwölf Jahre Altersabstand zwischen ihr und mir sind unüberwindlich. Trotzdem habe ich Ariel sehr gern. Da er der Sohn der Trauzeugen meiner Eltern ist, bin ich für ihn eine Art Schützling. Ich mag unsere Unterhaltungen und gebe mein Bestes, wenn er versucht, mir das Malen beizubringen. Es wird schnell klar, dass mir das Talent fehlt, trotzdem verliert er nicht die Geduld. Ich bekomme sogar ein Geschenk. Eins seiner frühen Bilder hängt an der Wand meinem Bett gegenüber und ist das Letzte, was ich sehe, bevor ich einschlafe: die Köpfe von zwei Betrunkenen, zwischen umgekippten Flaschen und Gläsern, ihre Gesichter zerlaufen auf einer geblümten Tischdecke.

Mama stürzt auf das Konzertpodium in Richtung Flügel, wie der Stier in die Arena. Es wird geklatscht. Im Vorbeigehen nickt sie verlegen dem Publikum zu und rettet sich auf den Klavierhocker. »Es ist so schade!«, denke ich jedes Mal. »Warum gibt sie den Zuschauern nicht die Gelegenheit zu sehen, wie schön sie in ihrem langen Konzertkleid ist!«

Anni war die Schneiderin, die zwei- oder dreimal im Jahr zu uns nach Hause kam, um zusammen mit meiner Mutter Kleider zu entwerfen. Sie brachte unzählige Schnittmuster mit, ein paar Modezeitschriften und ihre eigene elektrische Singer-Nähmaschine. Sie weigerte sich, die unsrige zu benutzen, ein unförmiges sowjetisches Erzeugnis, das mein Vater irgendwo aufgetrieben hatte. Anni verabscheute es. »Was soll ich mit dem Traktor? Ich will hier ein Konzertkleid nähen, ich will doch keinen Acker pflügen!« Meine Mutter war nicht ihre einzige Kundin, und so konnte man von Anni vieles aus anderen Haushalten erfahren. Sie redete schneller, als ihre Nähmaschine ratterte, sodass die Präzision der Nähte oft darunter litt. Sicherlich hatte sie diesem Umstand ihren Spitznamen zu verdanken: *Anni kriwija tegél* (Anni, die schiefe Naht).

Sobald Mama am Flügel anlangt, fängt sie an zu spielen; die Zuhörer im Saal sollen bloß keine Zeit haben, ihren Gedanken nachzuhängen. Prokofjew, *Romeo und Julia*, Suite für Klavier. Wir sitzen da: Papa das Gesicht in den Händen vergraben, ich mit dem Blick zum Boden. Für mich ist es anstrengend zuzuhören. Ich kenne das Stück in- und auswendig. Wie denn auch nicht? Mama übt es tagtäglich stundenlang.

Sie bestand nicht darauf, aus mir einen Musiker zu machen. »Wenn er nicht will, dann soll er es lassen, warum diese Quälerei. Es ist nur schade um seine Begabung und seine Hände, die wie geschaffen sind zum Klavierspielen« war ihre Meinung. Umso gewissenhafter verfolgte Papa meine musikalische Entwicklung. Während meine Mutter einen Studienaufenthalt bei einem berühmten Bach-Forscher in Antwerpen absolvierte, nutzte er ihre Abwesenheit aus, packte mich und steckte mich in eine benachbarte Musikschule. Zweimal die Woche ging ich diszipliniert, aber ohne große Lust zum Klavierunterricht und musste zu Hause jeden Tag üben. Allerdings wenn ein Konzert näher rückte, besetzte Mama permanent das Klavier, und ich wurde von meiner Pflicht entbunden. Unter ihren Händen brachte der alte Bechstein-Flügel die kleine Wohnung zum Vibrieren. Ich bewunderte die Schnelligkeit ihrer Finger, die Sicherheit und die Geschmeidigkeit, mit der sie die Tasten von einem bis zum anderen Ende der Klaviatur anschlug. »Das werde ich nie schaffen«, dachte ich, »aber ich spiele einfach weiter. Wer weiß ...« Ich ging sogar so weit, dass ich am Ende ein Opfer meiner selbst auferlegten Disziplinierung wurde.

Es war gegen sieben Uhr abends, meine Mutter hatte bis spät in die Nacht am Konservatorium zu unterrichten, mein Vater drehte einen Film irgendwo zwischen Ungarn und Kasachstan, und ich war allein zu Hause. Meine Finger waren kalt, und ich wollte sie schnell aufwärmen, um mit den unendlichen Wiederholungen von Tonleitern am Klavier anzufangen. Ich holte den großen Tauchsieder aus dem Bad, der dort an einem Haken hing – bereit, den Boiler zu ersetzen, wenn er wieder mal kaputtging –, und steckte das Kabel in die Steckdose. Ich fasste ihn vorsichtig an, meine Finger wärmten sich auf, und ich freute mich über meinen originellen Einfall. Dass man einen Tauchsieder nur unter Wasser erhitzen darf, wusste ich nicht. Es wurde immer heißer, und ich hielt meine Hände auf etwas mehr Abstand zum Tauchsieder. Er explodierte. Ein stechender Schmerz ließ mich die Augen zudrücken, ich verlor die Orientierung. Vergeblich versuchte ich, die Augen zu öffnen. Ich zog die Augenlider mit zwei Fingern auseinander. Irgendwie fand ich die Ausgangstür. Ich wollte die Nachbarn um Hilfe bitten, aber während ich mich zu ihrer Klingel vortastete, hörte ich bereits die hastigen Schritte meiner Mutter im Treppenhaus. Eine plötzliche Unruhe habe sie erfasst, erzählte sie später, sodass sie den Unterricht abbrach und sich in ein Taxi stürzte. Von da an nahmen die Dinge ihren Lauf: ein Notarzt, der mich mit den Worten empfing: »Na, bist du jetzt erblindet, du Schwachkopf?«, und mich mit einer falschen Diagnose wieder nach Hause schickte; die Nacht ohne Schlaf und voller Schmerzen; Mama, die im Zehnminutentakt die kalten Kompressen auf meinen Augen wechselte. Was immer sie in dieser Nacht empfunden hat, sie gab mir nicht das Gefühl, dass etwas Dramatisches passiert war. Am nächsten Morgen brachte sie mich in das richtige Krankenhaus zur richtigen Ärztin, wo ich mit der Diagnose einer Hornhautverbrennung aufgenommen wurde. Die kleinen Keramikteile, die sich im Innern des Tauchsieders befanden, hatten die Verbrennung bei der Explosion verursacht.

An die Stimmen der Menschen, die mein Krankenbett umkreisten, erinnere ich mich genau. Ich lag mit verbundenen Augen da und versuchte, mir ihre Gesichter auszumalen. Die von meinen Eltern kannte ich. Mein Vater, der Hals über Kopf zurückgekommen war, hatte mittlerweile einen dichten

Bart, den konnte ich anfassen, als er mich umarmte. Mein Bettnachbar trug in meiner Vorstellung einen Schnurrbart und hatte eine drahtige Statur, da war ich mir sicher. Der Bauernjunge, der schon seit Wochen im Bett gegenüber lag, war groß und dick, meine Ärztin war Mitte dreißig und hatte schwarze Haare. Das Krankenzimmer war grün und hatte eine hohe Decke. Für alles hatte ich in meinem Kopf ein präzises Bild. Ich war erstaunt, um nicht zu sagen enttäuscht, wie falsch ich gelegen hatte, als ich nach einigen Tagen meine Augen wieder öffnen konnte und die Welt meiner Imagination verlassen musste. Ich brauchte einige Zeit, um mich in der wiedergewonnenen Wirklichkeit zurechtzufinden. Die Menschen, die meine Fantasie nach den Stimmen gebaut hatte, hatten nichts gemein mit ihrer tatsächlichen Erscheinung. Im Gegenteil: Der Bettnachbar hatte keinen Schnurrbart und war ziemlich dick, der Bauernjunge dagegen klein und drahtig, die Ärztin war eine weißhaarige Dame kurz vor der Rente und das Krankenzimmer weiß, aber immerhin mit hoher Decke. Auch der Bart meines Vaters war da, den hatte ich aber schon an meiner Wange gespürt.

Beim Abschied sagte die Ärztin zu mir: »Um Haaresbreite wärst du blind geworden, mein Kleiner! Du musst einen Schutzengel gehabt haben – so groß wie der Eiffelturm!«

Ich schaue mich im Publikum um. Manche hören mit geschlossenen Augen zu. Schlafen sie etwa? Ich möchte unbedingt, dass das Konzert allen gefällt. Ich entdecke den Cousin meiner Mutter, den blinden Komponisten. Er ist zwei Meter groß, sein Kopf überragt alle anderen. Sein Gesicht ist zur Hälfte bedeckt von einer großen schwarzen Brille. Dahinter verbirgt er die unmäßig vorgewölbten Augäpfel. Er war fünfzehn, als er infolge einer Krankheit das Augenlicht verlor. Welche Bilder mochte er wohl in seinem Kopf aufbewahren? Und wie hatten sie sich im Laufe der Zeit verändert? Farben, Gesichter, Gegenstände, Landschaften ... Wie lebten sie in seiner Vorstellung weiter?

Zum Beispiel jetzt, wo er seine Cousine spielen hört, die ihm mithilfe von Prokofjew eine Geschichte erzählt, die Geschichte von Romeo und seiner Julia. Cousin und Cousine sind gemeinsam aufgewachsen, er hat sie noch als junges Mädchen gekannt und gesehen. Sieht er sie immer noch so wie damals vor dem Klavier sitzen? Als er plötzlich erblindete und keine Hoffnung bestand, dass er jemals wieder sehen würde, da war die Musik seine Retterin. Er spielte weiter Klavier, studierte Komposition und wurde später Komponist des bulgarischen Nationaltheaters. Dort, in seinem Arbeitszimmer, stand eine elektronische Orgel. Ein technisches Wunder, ein Gerät mit vier Tastaturen - eine davon unter den Füßen -, mit Hebeln zum Herausziehen und sehr vielen bunten Schaltern zum Drücken. Er erlaubte mir, alles auszuprobieren, und setzte sich dann selbst davor, um mir zu zeigen, was seine Maschine alles konnte. Er fand jeden Knopf, den er brauchte, er traf immer die richtigen Töne - mit Händen und Füßen. Wie machte er das? Wie schrieb er Musik für Aufführungen, die er nicht sehen konnte? Ohne fremde Hilfe tastete er sich ganz allein durch die verwinkelten Korridore des Theaters, setzte sich irgendwo in die Mitte des Zuschauerraums, streckte den Kopf seltsam raus, wie ein Radar, der jedes auch noch so kleine Geräusch registrieren muss, und lauschte hingebungsvoll den Schauspielern bei der Probe. Zurück in seinem Arbeitszimmer, schrieb er die Musik, die er aus der Inszenierung herausgehört hatte. Die Notenschreibmaschine für blinde Musiker hatte er selbst erfunden. Sie sah aus wie eine normale Schreibmaschine, nur dass an ihrer rechten Seite ein zentimeterdicker Halbkreis befestigt war. Darauf ein Streifen aus Kupfer mit eingravierter Punktschrift für Noten und ein Zeiger, den man zu der gewünschten Note bewegen konnte. Dazu schlug man auf die entsprechende Taste. Ein Patent, das sich durchsetzte, von dem er aber nie profitieren konnte.

Ich kann mich nicht erinnern, dass Mamas Cousin irgendwann schlechte Laune gehabt hätte. Wenn die beiden sich trafen, und das war häufig der Fall, hörten sie nicht auf, sich gegenseitig auf den Arm zu nehmen und zu kichern. Es war nicht nur Verwandtschaft, es war tief empfundene Freundschaft. Einmal waren Mama und ich bei ihrem Cousin zu Hause. Es war abends, und im Fernsehen lief Charlie Chaplins *Modern Times*. Er saß vor dem Fernseher. Es kam die Szene, in der Charlie versucht, mit dem laufenden Fließband mitzuhalten, und plötzlich fing er an, laut zu lachen. »Das ist doch der Moment, wenn er mit seinem Werkzeug der Frau an den Busen geht, oder?«

Mit ein paar wuchtigen Akkorden bringt Mama den Tybalt zur Strecke. »Rache! Rache! Rache!« Das Blut Mercutios schreit nach Rache, und Romeo tötet Tybalt, den Mörder seines besten Freundes.

Ich zucke auf meinem Stuhl zusammen. »Ach du Scheiße, sie hat sich verhauen.« Sie bricht ab. Ich möchte im Boden versinken. Sie fängt von Neuem an und tötet Tybalt ein zweites Mal. »Wahnsinn!«, flüstert mir mein Vater ins Ohr. »Das ist Freiheit – vor so vielen Menschen für sich allein zu spielen.«

Ich wünsche mir, ich hätte das Konzert schon überstanden und säße im Klub der Filmschaffenden, zusammen mit Mama und Freunden, die ihr Komplimente machen. Vor meinem inneren Auge wird das Gericht serviert, das ich im Klub immer bestelle: Kotelett nach Kiewer Art, eine panierte Roulade aus Hühnerfleisch. Die Einrichtung der Speisen auf dem Teller erinnert an eine militärische Festung: Die Roulade wird von einem Stück frittiertem Brot wie eine Kanone in Stellung gebracht, die Erbsen stellen die Kanonenkugeln dar, und das Kartoffelpüree dient als Schützengraben. Wenn man in die Kanone reinschneidet, fließt aus ihrem Inneren eine warme, grünliche, butterige Masse, die sich mit dem zarten Fleisch, dem Püree und den Erbsenkugeln vermischt. Oh Mann, mir tropft schon der Speichel aus dem Mund!

Es ist vorbei. Mamas Hände fliegen nicht mehr über die Tasten. Der Applaus ist für sie eine Qual, sie rennt zwischen Klavier und Bühnentür hin und her, nickt zustimmend ins Publikum. Es sieht so aus, als ob sie sich mit dem Applaus einverstanden erklärt. Also wirft sie sich wieder ans Klavier und gibt mit letzter Kraft eine Zugabe, einen Choral von Bach. Die Schlange der Leute, die Mama nach dem Konzert begrüßen wollen, ist lang. Sie schämt sich, wenn man ihr Spiel lobt, macht Witze, ist aber trotzdem erleichtert und glücklich. Ich zerre meinen Vater ungeduldig zum Ausgang. Mama kann sich Zeit nehmen, aber wir müssen gehen, der Tisch ist für zweiundzwanzig Uhr reserviert, und ich habe Hunger. Außerdem warten bestimmt schon einige unserer Freunde vor dem Klub, und ohne Papas Mitgliedsausweis werden sie nicht reingelassen.

An einem langen Tisch bildet Mama das Zentrum der Gesellschaft. Im Klub wird getrunken, gegessen, gelacht. Auch von anderen Tischen kommen Leute, die sie begrüßen und ihr gratulieren, obwohl sie gar nicht dabei waren. Sie kann den Tumult um ihre Person schwer ertragen. Sie raucht und trinkt sich in Hochstimmung, erzählt lachend von Unfällen in ihrer Laufbahn. Wie der große Schostakowitsch ihre Musikschule in Plovdiv besuchte und sie ihm vorspielen durfte. Woraufhin er sie aufforderte, ihm beim Konzert die Notenblätter zu wenden. Sie sei aber von seinem Spiel so überwältigt gewesen, dass sie von ihm häufig per Kopfnicken ans Umblättern erinnert werden musste. Alle lachen. Sie selbst am lautesten und setzt noch eins drauf: Die Sache sei aber doch sehr gut für sie ausgegangen, denn einige Monate danach sei ein Geschenk für sie eingetroffen: eine Partitur von Schostakowitsch mit einer sehr persönlichen Widmung. Sie lässt sich von ihrem eigenen Redefluss davontragen. »Und später wieder in Plovdiv, als ich schon auf dem Konservatorium war, da spielte ich Beethovens drittes Klavierkonzert«, und sie erzählt, wie sie von dem langen Orchestervorspiel im ersten Satz emotional so aufgewühlt gewesen sei, dass sie voller Überschwang statt in vorgeschriebenem c-Moll in d-Moll eingesetzt habe. Woraufhin der Dirigent, derjenige, dessen Schuhe so groß wie Geigenkästen waren, sich zu ihr umwandte und diskret fragte: »Wollen wir noch mal anfangen?«

THEATERKIND **10**

Ich bin sieben oder acht Jahre alt, ich weiß nicht mehr genau. Es ist Sonntag, und ich begleite meinen Vater mal wieder zu einer Probe. (In Bulgarien ist der probenfreie Tag der Montag.) Während der Fahrt mit der Straßenbahn ist er völlig abwesend, geht seinen Text durch, bewegt die Lippen, schneidet Gesichter, stößt ab und zu unverständliche Laute aus und merkt gar nicht, dass sich die Leute nach ihm umdrehen. Mir wird das peinlich, und ich würde am liebsten aussteigen. Plötzlich sprintet Papa nach vorn zur Fahrerkabine, redet auf die Schaffnerin ein, gestikuliert, zeigt auf seine Uhr. Die Straßenbahn lässt die nächste Station aus und fährt – zum großen Ärger einiger Fahrgäste – ohne Halt direkt vors Theater. Mein Vater will diesmal unbedingt pünktlich sein. Die Beschimpfungen lassen ihn kalt. Seine Ehrfurcht vor dem weltbekannten Regisseur aus der Schweiz ist groß, den Namen Benno Besson höre ich zu Hause mehrmals am Tag.

Die Beleuchtungslogen des Theaters der Arbeiterfront befinden sich ganz vorn auf den beiden Seiten des Balkons.

Er übergibt mich einem Beleuchter, flüstert mir hastig ins Ohr: »Bitte, sei still!«, und verschwindet.

Die Bühne hängt voller Seile, dicke Schiffstaue. Sie sind in der Mitte zusammengefasst, sodass der Eindruck eines Baums mit Stamm und Krone entsteht. Man kann darauf klettern, sich hängen lassen oder sich daran hochziehen. Später löst sich der dicke Baum auf, und die einzelnen Seile lassen einen ganzen Wald entstehen, den Ardenner Wald. Das Stück, das geprobt wird, heißt *Wie es euch gefällt* und wurde vor vielen Jahren von William Shakespeare geschrieben. Das alles weiß ich, weil ich Papa oft abfrage, wenn er seinen Text lernt.

Auf der Bühne tauchen seltsame Gestalten auf, die ich nicht sofort einordnen kann. Sie tragen Kostüme aus zusammengewürfelten Kleidungsstücken. Vielleicht sind das Clowns? Sie reden miteinander, lachen oder streiten. Ab und an unterbricht der Regisseur. Da er unter mir im Parkett sitzt, kann ich ihn nicht sehen. Ich kann ihn hören, aber nicht verstehen – er spricht deutsch. Eine tiefe, warme männliche Stimme übersetzt seine Worte ins Bulgarische. Die Schauspieler versuchen, die Wünsche des Regisseurs zu erfüllen, und tatsächlich passiert bei jedem Versuch etwas Neues. Das beschäftigt mich eine Weile, aber dann werde ich ungeduldig. Mein Vater ist noch immer nicht zu sehen. Wann kommt er endlich? Auf einmal ist die Bühne leer. Nur die Taue hängen wieder zusammengefasst wie ein Baum in der Mitte. Von links tritt eine kleine dicke Frau auf. Ich erkenne sie sofort. Im echten Leben ist sie gar nicht dick, das ist also ein Kostüm.

Die Frau setzt sich unter den Baum und schaut sich um. Sie macht nicht viel, sitzt einfach da, mit aufgerissenen Augen. Ich finde das sehr lustig. Die da unten lachen auch. Hinter dem Baum huscht jemand vorbei. Was war das? Da ist er wieder. Wer ist das? Oh nein, ist das möglich – diese Schnake auf zwei stockdünnen Beinen, ohne Hals, mit Buckel auf dem Rücken und überdimensionaler Adlernase mitten im Gesicht, die mit gespreizten Armen und auf Zehenspitzen die kleine dicke Frau umkreist, kann das Papa sein? Ich weiß, dass er Probstein, einen Narren, spielt, also jemanden, der Witze über seinen Herrn machen darf, aber mit Vorsicht, da er schließlich von ihm bezahlt wird. Ich weiß auch, dass Probstein in die Schäferin Audrey, die kleine dicke Frau, verliebt ist. Doch benimmt man sich so, wenn man verliebt ist? Und sehen Narren überhaupt so aus? Soll ich jetzt lachen, oder muss ich mich für Papa schämen? Ist das jetzt gut? Der Regisseur unterbricht nicht mehr, lacht sogar, auch der Beleuchter neben mir lacht, alle anderen auch. Ich kichere vor Glück.

Ein paar Tage später komme ich von der Schule nach Hause, habe Hunger und will in die Küche. Ich höre eine Stimme, die ich sofort wiedererkenne. Diese tiefe, warme Stimme aus dem Zuschauerraum. Ich öffne die Küchentür um einen Spalt. Der Mann, dem die Stimme gehört, hört auf zu reden und dreht sich zu mir um. Aus einer Wolke von Rauch blickt mich ein dunkles Auge an. Mit einer Handbewegung befreit er das andere Auge von einer Haarmähne. Nach einer Weile lächelt der Mann mir zu und sagt: »Ich bin

Mitko. Und du?« Papa macht mir Zeichen, dass ich verschwinden soll. Viel später wurde dieser Mitko einer der wichtigsten Menschen in meinem Leben, auf der Bühne und darüber hinaus. Jahrelang sah ich zu, wie seine Mähne grau und grauer und schließlich silbern wurde. Der Mann in der Küche war der Regisseur Dimiter Gotscheff.

Es ist spät am Abend. Ich bin im Bett und schlafe immer noch nicht. Das schlechte Gewissen quält mich. Bald werden meine Eltern nach Hause kommen. Mein Vater hat Vorstellung: *Ein Abend mit den Märchen von Karel Čapek*, inszeniert von Leon Daniel, dem Trauzeugen, Freund und Lehrer meines Vaters. Meine Mutter ist wie so oft mitgegangen. Papa legt Wert auf ihr unbestechliches Urteil.

Es ist ein Theaterabend, den ich selbst im Laufe der nächsten Jahre immer wieder besuchen werde. Die drei Schauspieler – zwei Frauen und mein Vater – bewundere und beneide ich: um ihren erfinderischen Geist, ihre Freiheit zu improvisieren und die Leichtigkeit, mit der sie das Stück ausführen. Manchmal wünsche ich mir, ich könnte mit ihnen zusammen auf der Bühne stehen. Erst später wird mir klar werden, wie wichtig diese Aufführung nicht nur für mich, sondern auch für ältere Generationen von Zuschauern gewesen sein muss. Wir, die Kinder der Beteiligten, kennen bis heute noch die Lieder aus dem Stück, und wenn wir uns begegnen, singen wir sie. Dennoch war es keine Kinderveranstaltung.

Der Abend begann um neunzehn Uhr, und außer uns

Theaterkindern gab es im Publikum nur Erwachsene, die aber wie Kinder behandelt wurden. Die Bezeichnung »Märchen« diente nur zur Tarnung. Die Assoziationen, die beim Spiel auf der Bühne entstanden, bezogen sich sehr konkret, aber subversiv auf das System, dem das gesellschaftliche Leben unterworfen war. Als Kind konnte ich das noch nicht richtig begreifen, aber je älter ich wurde, umso mehr verstand ich und entwickelte sogar einen Stolz darauf, dass mein Vater in der Lage war, von der Bühne herab Wahrheiten zu verkünden, die unbequem waren.

Auf der leeren Bühne standen drei quadratische Tische, daneben das Klavier. Vor Beginn der Vorstellung tauchten die Schauspieler im Zuschauerraum auf und verteilten rote Dauerlutscher in der Form eines Hahns. Die »Zuckerhähne«, wie sie hießen, besorgte mein Vater, und zwar kiloweise. Luftballons schwebten über dem Publikum. Der Komponist setzte sich ans Klavier. Mein Vater holte seine Geige aus dem Kasten und setzte einen Jonglierteller auf den Geigenbogen. Eine Schauspielerin griff nach der Melodica, die andere nach den Becken, und alle zusammen begannen zu spielen. Die Zuschauer tauten schnell auf, sangen mit und feierten, ein Gemeinschaftsgefühl stellte sich ein. Die anarchische Stimmung ging über ins *Große Polizeimärchen*, darauf folgten das *Große Vagabundenmärchen*, *Das Märchen von dem siebenköpfigen Drachen* und am Ende *Das Märchen von der weißen Krähe*. Die Tische verwandelten sich in Gefängniszellen, in Grenzübergänge, in Boote, Hüte wurden zu Tellern, die Fliege um den Hals meines Vaters zum Schnurrbart. Papa griff immer wieder zur Geige, spielte etwas vor oder kratzte, zupfte, klopfte darauf …

Unruhig wälze ich mich im Bett herum. Die Vorstellung muss schon längst vorbei sein. Wo bleiben sie denn? Ach, hätte ich's Papa doch bloß gesagt! Am Tag zuvor hatte ich mit seiner Geige herumgespielt, hatte versucht, ihn nachzumachen. Dabei war die Saite gesprungen. In Panik legte ich die Geige sofort in den Kasten zurück. Ich wusste, wie wichtig sie für Papa war. Im Grunde waren die beiden eins: Itzko und seine Geige. Er spielte sie zu Hause, auf Partys, auf der Bühne, im Film, bei Konzerten und bei Soloauftritten mit Orchester. Die Geige wurde zu einem Teil seines Körpers, seines Wesens. Auch heute Abend hatte er sie gespielt und musste sofort gemerkt haben, dass eine Saite fehlte. Wie hatte er sich wohl gerettet?

Im Zimmer geht das Licht an. Die Eltern stehen neben meinem Bett. Der Versuch, mich schlafend zu stellen, ist vergeblich. Mama geht aus dem Zimmer. Papa schaut mich mit müden, enttäuschten Augen an. Er sagt kein Wort. Mir ist, als hätte ich ihm die Hand abgehackt.

11 EINE VIELSEITIG ENTWICKELTE PERSÖNLICHKEIT

Mein Vater hatte den Fahrplan für meine geistige Entwicklung meiner Mutter überlassen und bemühte sich, jeden Kontakt mit der Schulleitung und den Lehrern zu vermeiden. Diese sonderbare Scheu überdauerte alle Phasen meiner Schulzeit, von der Grundschule bis zum Abitur, mit einer Ausnahme.

Meine Russischlehrerin in der Grundschule hatte die Angewohnheit, uns mit einem Schlagzeugstock zu traktieren, wenn wir zu laut wurden. Sie ging zwischen den Reihen hindurch und klopfte uns damit unsanft auf die Köpfe. Das tat richtig weh. Als mein Vater die Beule auf meinem Schädel entdeckte, holte er aus meiner alten Spielzeugkiste einen roten Ritterhelm und riet mir, ihn im Unterricht zu tragen. Einerseits um meinen Kopf zu schützen, andererseits wegen des lächerlichen Klangs des Plastikhelms beim Kontakt mit dem Schlagzeugstock. Ich folgte seiner Anweisung und setzte am nächsten Tag den Helm auf. Die Lehrerin wollte mir nicht glauben, dass mein Vater diese Maßnahme verordnet hatte, und verlangte, ihn sofort zu sprechen. Als er in der Schule erschien, drehte sie richtig auf. »Es stimmt, ich habe ihm das vorgeschlagen. Und solange Sie Ihren Stock benutzen, wird mein Sohn seinen Helm tragen, Genossin!«, sagte Papa, machte kehrt und betrat die Schule nie wieder.

Dass mein Vater sich von meinem Schulalltag fernhielt, hatte aber noch einen anderen Grund: Er wollte auf gar keinen Fall, dass seine Popularität Schaden anrichtete und die Unvoreingenommenheit von Lehrern und Mitschülern beeinträchtigte. Er fürchtete gleichermaßen die Folgen des Neids wie des unverdienten Profits. »Warum hat der Wolf einen so kräftigen Nacken? Weil er alles allein erledigt«, zitierte er meinen Großvater Sami. »Es zählt nur das, was du dir selbst erarbeitest, Sancho.« Selbst wenn ich die beste Note nach Hause brachte, provozierte er mich: »Fein, aber bist du sicher, dass du sie verdient hast? Warst du tatsächlich so gut vorbereitet? Vielleicht war die Lehrerin nur gut gelaunt.«

Der eingepflanzte Zweifel zeigte Wirkung, und mit der Zeit entwickelte ich eigene Maßstäbe, die oft über die verlangten hinausgingen. Später, gegen Ende meiner Schulzeit, verlor Papa allerdings völlig den Faden und wusste nicht mal mehr, in welcher Klasse ich gerade war. Trotzdem hatte ich nie das Gefühl, von ihm im Stich gelassen zu sein. Ich war dankbar für sein gesundes Desinteresse.

Es war Anfang Oktober, »Zigeunersommer«, wie die Bulgaren den unerwarteten Temperaturanstieg am Anfang des Herbstes nennen. Das Schuljahr hatte erst vor zwei Wochen begonnen, und es fiel mir schwer, wieder in den Rhythmus des Schulalltags hineinzufinden. Von meiner Schule trennte mich nur der Hinterhof des Kulturvereins der bulgarischen Armenier, Erewan. Beim Frühstücken konnte ich die Tür zu meinem Klassenzimmer im Auge behalten und zusehen, wie der Raum sich langsam füllte. Die pathetische Männerstimme aus unserem Kofferradio kündigte wie jeden Morgen um sieben Uhr fünfzehn an: »Bulgarien: Taten und Dokumente«, und berichtete dann in getragenem Ton irgendetwas von irgendeinem Heroen des bulgarischen Volkes. Es gab mindestens dreihundertfünfundsechzig davon, für jeden Tag des Jahres einen anderen. Ich rannte erst los, wenn die Schulklingel schon das zweite Mal zum Unterricht rief. Ich wollte keine Minute zu früh in der Schule erscheinen! Überhaupt brannte ich nicht gerade vor Lust, Neues zu lernen, tat nur das Nötigste, blieb unauffällig und versuchte, die Langeweile während des Unterrichts mit einem unter der Bank aufgeschlagenen Buch zu besiegen.

Meine Klassenlehrerin unterrichtete bulgarische Literatur und Grammatik. Sie war eine große Frau mit kurzem jungenhaftem Haarschnitt und grünen Augen, hübsch und streng. Ich hatte also keinen Grund, etwas Gutes zu erwarten, als sie eines Tages verlangte, meine Eltern zu sehen. Sie sagte mir nicht, warum, was mich zusätzlich verunsicherte. Gleich am nächsten Tag ging meine Mutter zu ihr in die Schule.

Noch immer war Mama nicht zurück. Ich saß an meinem Schreibtisch, vielmehr an der aufklappbaren Tür eines Schranks, die von zwei dünnen Stahlschnüren in waagerechter Position gehalten wurde (noch so eine Installation meines Vaters). Meine Französischlehrerin, Madame Sinigerska (zu Deutsch »Amsel«), die immer dienstags und freitags zu uns nach Hause kam und deren Name ihrer Körpergröße entsprach, versuchte nach Kräften, meine Aufmerksamkeit auf das Lehrbuch *Cours de Langue et de Civilisation Françaises* von Mauger zu richten. Sie war schon über siebzig und lebte seit Jahr und Tag mit ihrer Zwillingsschwester zusammen. Ich stellte mir vor, die beiden würden zuweilen die Rollen tauschen, und war mir nie sicher, welche da gerade saß und mir die Möglichkeiten des Passé composé erläuterte. »Das war es für heute!«, zwitscherte die Amsel, steckte das Geld für den Privatunterricht ins Portemonnaie und flog zu ihrer Schwester.

Wo steckt denn Mama? Was kann das bedeuten? Wirft man mich von der Schule? Oder bekomme ich nur einen Verweis? Und wofür eigentlich? Vielleicht, weil ich mein rotes Pioniertuch schon zweimal zu Hause vergessen habe? Wenn sie nur wollen, finden sie immer was …

»Du könntest in eine andere Schule wechseln, wenn du willst«, sagte Mama, als sie sich an den Küchentisch setzte. »Nein, das ist keine Strafe«, fügte sie gleich hinzu, als sie den Schreck in meinen Augen bemerkte. »Es ist eine Schule für Kinder, die sich in einer normalen Schule langweilen. Deine Klassenlehrerin hat sie empfohlen, sie unterrichtet selbst dort. Sie hat dich über längere Zeit beobachtet und findet, du solltest es versuchen.«

Ein Glück, keine Beschwerde. Aber eine andere Schule?

Meine Freunde verlassen und mein Fußballteam? Gerade erst war es uns gelungen, an neue Trikots zu kommen. Ich war die Nummer 9, genau wie Gundi, der berühmteste aller bulgarischen Fußballer, hübsch wie James Dean und genau wie er bei einem Autounfall tödlich verunglückt. Wochenlang hatten wir im ganzen Viertel Altpapier gesammelt, zur Abgabestelle gebracht – vier Stotinki pro Kilo – und so das Geld für die Trikots zusammengekriegt. Ich hatte mir extra wegen des Altpapiers zum Geburtstag eine Schubkarre von Großmutter schenken lassen. Und Evelina, die wunderschöne Evelina! Was wird sie von mir denken? Ihretwegen hatte ich angefangen, Schlittschuh zu laufen. Jeden Mittwochabend nahmen wir die immer überfüllte Tram zum Eisstadion. Während der Fahrt: dicht aneinandergedrängt, ihr Gesicht ganz nah an meinem, die Kufen ihrer Schlittschuhe an meinen Rippen. Wenn wir aufs Eis gingen, gab sie mir schüchtern ihre Hand, versteckt im Wollhandschuh, und wir zogen eine Bahn nach der anderen. Der Moment, in dem ihre bloße Hand in meiner liegen würde, war schon ganz nah! Und das alles aufgeben?

»Auf gar keinen Fall!«, brach es aus mir raus. »Sancho«, sagte Mama, »auf dieser Schule gibt es keine Noten, und am Samstag hättest du frei. Und es ist übrigens gar nicht sicher, dass sie dich nehmen, du müsstest erst mal die Aufnahmeprüfung schaffen. Es handelt sich um eine experimentelle Schulmethode, sie wollen schauen, ob du für dieses Experiment überhaupt taugst.«

Eine Woche später saß ich vor einem Apparat im Labor

des Instituts für angewandte Psychologie, dessen Leiter eine Koryphäe auf seinem Gebiet war. Sein Ruhm gründete auf der Erfindung einer Methode zum Erlernen von Fremdsprachen im Halbschlaf. Der Cousin meiner Mutter, der blinde Komponist, hatte versucht, mit dieser Methode Italienisch zu lernen, aber nach drei Monaten konnte er immer noch nichts außer *buon giorno* sagen. Dafür war er nach jeder Sitzung viel ausgeruhter als zuvor. Irgendwann musste er den Italienischkurs leider abbrechen, da sein Schnarchen die übrigen Teilnehmer vom Unterricht ablenkte.

Wenn Rot aufleuchtete, drückte ich auf den roten Knopf des Apparats, bei Gelb auf den gelben. Blau, Grün und so weiter. Dann bekam ich eine Krone aufgesetzt, die durch Drähte an einen anderen Apparat angeschlossen war. Eine junge Wissenschaftlerin las mir einzelne Wörter vor, und ich sollte sagen, was mir jeweils dazu einfiel. Eine Nadel zeichnete das Diagramm von dem auf, was mein Hirn produzierte. Darauf folgten schriftliche Tests, an die ich mich nur vage erinnere.

Die Psychologen waren mit den von mir gelieferten Ergebnissen zufrieden und stuften mich als »tauglich« ein. Also nahm ich traurig Abschied von meiner Fußballmannschaft und Evelina und bestieg an einem kalten Oktobertag den Schulbus der Nationalen Experimentalen Schule.

Die Schule befand sich in einem Villenvorort der Stadt. Im Bus saßen bereits fünf oder sechs Jungen und Mädchen in meinem Alter und genauso viele Erst- oder Zweitklässler. Alle schienen sich gut zu kennen, was mich nicht wunderte, da das Schuljahr schon begonnen hatte. Ich fragte mich nur, wo der Rest abgeblieben war. In meiner bisherigen Schule waren wir allein in meiner Klasse fünfunddreißig gewesen. Und es gab vier Parallelklassen pro Jahrgang. Merkwürdig!

Nach dreißig Minuten Fahrt kamen wir an. Ich stieg aus dem Bus und stand wie Falschgeld vor dem Eingang eines fünfstöckigen Plattenbaus in gediegener Ausführung. Plötzlich hupte es hinter mir. Erschrocken sprang ich zur Seite. Eine schwarze Limousine hielt abrupt, ein GAZ-24 Wolga, die misslungene sowjetische Antwort auf den Amischlitten der Siebzigerjahre. Ein bulliger Fahrer sprang heraus, rannte zur linken hinteren Tür und öffnete sie. Ein kleiner Junge mit Lockenkopf stieg aus, gefolgt von einem Mädchen mit zusammengepressten Lippen, etwa so alt wie ich, möglicherweise seine Schwester. Ohne mich eines Blickes zu würdigen, verschwanden sie in der Schule. Kaum waren sie weg, hielt schon der nächste schwarze Wolga an. Wieder sprang der Fahrer heraus und ließ ein schlankes groß gewachsenes Mädchen mit langen glatten blonden Haaren aus dem Wagen steigen. Eine junge Frau mit Riesenbrille tauchte vor mir auf, stellte sich als meine Klassenlehrerin vor und lud mich zu einem Rundgang durch das Schulgebäude ein. Solche Zuvorkommenheit war mir aus meiner alten Schule nicht bekannt.

»Die Nationale Experimentale Schule befindet sich noch in der Aufbauphase«, verkündete meine neue Klassenlehrerin, »Wir gehören zum Komitee für Kultur und stehen unter der Schirmherrschaft der Kulturministerin, Genossin Ljudmila Schiwkowa.«

Die Frau kannte ich. Wie ihr Name sagte, war sie die Tochter von Todor Schiwkow, dem erwähnten Steuermann unserer sozialistischen Geschicke. Mit ihren sechsunddreißig Jahren war sie schon Mitglied des Politbüros der Kommunistischen Partei Bulgariens, trug meistens einen Turban, und ihre öffentlichen Ansprachen beendete sie gern mit der Aufforderung: »Denkt an mich, als wäre ich Feuer!« Man redete davon, dass sie eines Tages die Macht von ihrem Vater übernehmen würde, was im Nachhinein eventuell nicht das Schlimmste gewesen wäre. Immerhin hatte Genossin Schiwkowa im Unterschied zu den übrigen Politbüromitgliedern einiges vorzuweisen: ein Geschichtsstudium an der Universität in Sofia, eins an der Universität in Oxford und ein Studium der Kunstgeschichte in Moskau. Als Vorsitzende des Komitees für Kunst und Kultur versuchte sie, ihr Land von der zwanghaften Verehrung der allmächtigen sowjetischen Kultur zu lösen und zu den Wurzeln der eigenen zurückzuführen.

Im Jahr 1981 standen große Feierlichkeiten bevor. Das im siebten Jahrhundert geschlossene Bündnis der blonden Slawen – die durch Bambusröhren atmend stundenlang unter Wasser in der blauen Donau ausharren konnten, um den Feind aus dem Hinterhalt zu schlagen – mit den Protobulgaren – Nomaden, die nach dem Tod ihres Anführers Attila mit rohem Fleisch unterm Sattel und wehenden schwarzen Zöpfen aus Zentralasien herbeigeritten kamen – gilt als Geburtsstunde des bulgarischen Staates. Schiwkowa benutzte diesen Anlass, um an die eigene Geschichte zu erinnern und das nationale Selbstbewusstsein zu stärken. Die verkümmerte bulgarische Kultur sollte erblühen und sich vor der ganzen Welt beweisen. Aus den alten Grabstätten wurden thrakische Schätze hervorgeholt und im Metropolitan Museum in New York ausgestellt, auserwählte Intellektuelle und Künstler durften plötzlich reisen und mit ihren Kollegen aus dem westlichen Ausland in einen »produktiven Austausch« treten. Sogar eine Ausstellung zeitgenössischer amerikanischer Kunst fand während Schiwkowas Amtszeit statt. Ich weiß noch, wie beeindruckt ich von einer Filmreportage war, in der man sehen konnte, wie Jackson Pollock malte, oder besser gesagt, wie er mit Farbe und Pinsel auf einer auf dem Boden ausgebreiteten Leinwand herumspritzte. Die Wucht seiner Bewegungen, die Euphorie in seinem Blick, die völlig entfesselte Energie seines merkwürdigen Tanzes auf der Leinwand – das war Freiheit. Den Erwachsenen wird es damals nicht anders ergangen sein: Mitten im Kalten Krieg den sozialistischen Realismus mit amerikanischer Pop-Art zu vergleichen – ein größerer Widerspruch war kaum denkbar. Unklar blieb, ob Schiwkowas Bemühungen der Propaganda dienten oder ob sie unter dem Mantel derselben die sowjetische Großmacht überlisten wollte und tatsächlich eine unabhängige bulgarische Kulturpolitik betrieb.

Irgendwann führte Ljudmila Schiwkowa den Begriff »vielseitig entwickelte Persönlichkeit« in ihr Programm ein. Der sozialistische Homunkulus sollte sich in einen universalen Genius verwandeln. Wenn möglich direkt in einen Leonardo da Vinci. Immer öfter tauchten im öffentlichen Raum

Abbildungen von da Vincis *Proportionsschema der menschlichen Gestalt* auf: ein Symbol ebendieser »vielseitig entwickelten Persönlichkeit«. Ein anderes Rätsel, das die Genossin Schiwkowa aufgab, war ihr überraschendes Interesse für die indische Kultur. Welch eine glückliche Fügung, dass es den Maler Nikolai Roerich gab, der sowohl russische als auch indische Wurzeln besaß. Die Kulturministerin ordnete eine umfassende Ausstellung seiner Werke an, zu deren Eröffnung der Meister persönlich erschien. Die Bilder davon gingen durch die bulgarischen Wohnzimmer: ein älterer Herr, langer weißer Bart, langes weißes Haar, langes weißes Gewand, eine Mischung aus Leo Tolstoi und Mahatma Gandhi. An seiner Seite die Frau mit dem Turban, beide umringt von Männern in schlecht sitzenden dunkelgrauen oder braunen Anzügen – offenbar Parteifunktionäre, die dazu verdonnert waren, diesem außerordentlichen Kulturereignis beizuwohnen. Das Ganze machte den Eindruck, als wollte Genossin Schiwkowa zwei Fliegen mit einer Klappe schlagen: ihrer Neigung zum Mystizismus nachgehen – das hervorstechende Merkmal der Bilder des besagten Meisters –, gleichzeitig aber die beunruhigte sowjetische Kulturleitung davon überzeugen, dass sie nicht vom Pfad des sozialistischen Realismus abzuweichen gedachte, da der Maler immerhin russischer Herkunft war. Ihr Vater, Todor Schiwkow, war schon das eine oder andere Mal nach Moskau beordert worden, wo er sich wegen der Alleingänge seiner Tochter tadeln lassen musste. Doch der Turban auf Schiwkowas Kopf schrie weiterhin: »Denkt an mich, als wäre ich Feuer!«

Das Feuer erlosch drei Jahre später auf mysteriöse Weise. Neununddreißig Jahre alt, im Sommer 1981, ausgerechnet im Jahr des Jubiläums, auf dem Höhepunkt ihrer Laufbahn, wurde Schiwkowa tot in der Badewanne aufgefunden. Es ist bis heute ungeklärt, unter welchen Umständen sie zu Tode kam. Die offizielle Version: ein Unfall. Die inoffizielle: Selbstmord. Die wahrscheinlichste: Auftragsmord.

Hatte die sowjetische Führung vielleicht die Befürchtung, dass sie ihrem Vater, dem Zaren Todor, wie er nach fünfundzwanzigjähriger Herrschaft mittlerweile genannt wurde, auf dem Thron folgen würde? War das wenige, was Ljudmila Schiwkowa versucht hatte, um etwas Autonomie für ihr Land zu erreichen, dem Breschnew schon zu viel?

»Am Nachmittag gibt es Unterricht in den musischen Fächern. Du kannst dir ein Instrument aussuchen. Klavier oder Gitarre. Der Rest ist obligatorisch. Zweimal die Woche Ballett und zweimal Kunst.« Meine neue Klassenlehrerin führt mich durch die Räume. Sie öffnet eine Tür: »Der Ballettsaal!« Schnell frage ich: »Für die Jungs auch?« Sie nickt. Oh, mein Gott! Die meinen es ernst. Ballett? Das darf ich niemandem erzählen – zweimal die Woche in weißen Strumpfhosen, von allen Seiten bespiegelt, die sechs klassischen Ballettpositionen an der Stange üben. Wie peinlich! Endlich landen wir im Klassenzimmer. Sieben Mädchen und fünf Jungen schauen mich an, wie man eben in diesem Alter einen Neuling anschaut.

Ich lebte mich ziemlich schnell ein. Bei der Anzahl der

Mitschüler war das nicht weiter schwierig. Schnell orientierte ich mich und fand sogar an dem pädagogischen Experiment Gefallen. Es stimmte tatsächlich: Es gab keine Noten. Nicht mal in Mathematik. Ich vermisste sie nicht. Da ich schon Klavier spielte, entschied ich mich auch jetzt dafür. In Kunst war ich eine Niete. Aber die abstrakten Gebilde, die wir nach den Klängen der »Mondscheinsonate« produzieren mussten, verschafften mir später einen Platz unter den Auserwählten, die beim Besuch von Farah Diba, der schönsten Frau der östlichen Hemisphäre und Gattin des Schahs von Persien, die fortschrittliche Kunstpädagogik der Schule demonstrieren durften. Ich kann mich erinnern, wie Genossin Schiwkowa die Kaiserin in den Gemeinschaftsraum führte, wo wir bereits vor unseren Staffeleien standen. Aus der Sprechanlage erklang diesmal die »Appassionata«, diese »brutale unmenschliche Musik«, wie Lenin sie genannt hatte, zu der wir spontan und mithilfe von Pastellfarben unsere Empfindungen aufs Papier warfen. Ich tat sehr konzentriert, schielte aber dabei hinüber und bemerkte, wie Schiwkowa ihren Turban zu dem von Farah Diba neigte. Diese nickte zustimmend, schwebte auf mich zu, sagte etwas auf Englisch und streichelte mir über den Kopf. Vielleicht lag es an den florierenden Waffengeschäften zwischen ihrem Ehemann, dem Schah, und der bulgarischen Regierung, jedenfalls war Farah Diba gut gelaunt, als sie mich streichelte. Ich fand sie übrigens gar nicht so wahnsinnig schön, wie alle behaupteten. Aber mir gefiel ihre Hand auf meinem Kopf.

Eine Woche nach meiner Ankunft präsentierte unsere

Lehrerin schon den nächsten Neuling. Pechschwarzes längeres Haar, pechschwarze Augen, dunkler Teint, der Blick etwas von oben herab. Die Mädchen begannen sofort, ihn auszufragen. »Ich war bis vorgestern in Havanna, mein Vater ist dort Botschafter.« – »Angeber«, sagte ich. »Hast du was zu melden, Seife?«, machte er mich an. Ich habe seine Anspielung nicht sofort begriffen. Langsam erst sickerte es durch. Zum ersten Mal in meinem zwölfjährigen Leben fühlte ich mich wegen meiner jüdischen Herkunft verletzt. Ich erwog einen Moment lang, die Kränkung zu ignorieren, aber etwas in mir begann zu brodeln, meine Kehle war trocken, ich sprang auf und ging auf Boris los. Die Schlägerei dauerte nicht lange – die Mädchen kreischten, die Lehrerin rannte hinaus und kam zurück mit dem Physiklehrer, der es endlich schaffte, unsere ineinander verkeilten Körper zu trennen. Wir wurden abgeführt zum Büro der Schuldirektion.

Unsere Direktorin – um die vierzig, hängende Lider über grünen Augen und leichter Damenflaum über der Oberlippe – war in einem Dilemma. Die Lage war prekär und verlangte Fingerspitzengefühl. Der Tatbestand: Ein Schüler jüdischer Herkunft wird von einem Klassenkameraden verbal angegriffen. Das hierbei benutzte Wort »Seife« weckt Assoziationen an die industrielle Verwertung der sterblichen Überreste von ermordeten Juden während des Holocausts. Klarer Fall – eine antisemitische Attacke. Der verbal Angegriffene wird handgreiflich. Am Ende bluten die Nasen beider Kontrahenten.

Erschwerender Umstand: Der Widersacher des Jungen

jüdischer Herkunft ist Enkel des Genossen Georgi Dimitroff – Erbauer des Sozialismus in unserem Land, der Held aus Leipzig, Mitbegründer der Kommunistischen Partei Bulgariens und bis zu seinem Tod ihr Vorsitzender. Seine sterblichen Überreste liegen mumifiziert und aufgebahrt in einem eigens dafür errichteten Mausoleum, rund um die Uhr bewacht. Sein Porträt hängt in jedem öffentlichen Gebäude, in jedem Büro, einschließlich diesem hier.

Mit sanfter Stimme bittet die Direktorin ihre Kollegen, das Büro zu verlassen, und bietet uns zwei Sessel an. Mit Watte aus dem Erste-Hilfe-Schrank in der Nase erzählt jeder von uns beiden seine Version. Mit leicht hochgezogenen Mundwinkeln hört sie sich alles an, ohne uns zu unterbrechen. Dann lang anhaltende Stille, in der nur ab und zu ein leises Schnüffeln aus unseren blutenden Nasen zu vernehmen ist. Großvater Georgi schaut auf uns herab, es scheint, als würde sein penetranter Blick das Verhalten seines Enkels missbilligen. Aber ist der Erbauer des bulgarischen Sozialismus wirklich unzufrieden mit seinem Nachwuchs? War es nicht gerade während Dimitroffs Regierung, dass neun Zehntel aller Juden Bulgariens, einschließlich des größeren Teils meiner eigenen Verwandten, ihr Land hatten verlassen müssen? War Antisemitismus genetisch vererbbar? Die Stimme der Direktorin reißt mich aus meinen Überlegungen. »Aus einem Konflikt entstehen manchmal die besten Freundschaften. Ihr solltet die Geschichte begraben, euch die Hände reichen und Freunde werden.« Das Ganze sei schließlich eine Lappalie, und im Übrigen sei es unnötig, darüber noch weiter zu reden. Hier macht sie eine kleine Pause, schaut zur Seite und ergänzt leise, aber deutlich: »Mit wem auch immer.« Wieder ausgedehntes Schweigen. Die Direktorin zieht die Mundwinkel so breit auseinander, bis es nicht mehr weiter geht. »Ah, so machen wir das also!«, denke ich. »Mm-hmm!«, brummt Großvater Dimitroff zustimmend von der Wand herab. Ich strecke Boris die Hand entgegen. Das hat er nicht erwartet, stotternd entschuldigt er sich.

12 DIE REVOLUTION IM BLUT

Emilia war hübsch und scheu. Sie war eine Klasse über mir, und ihr Klassenzimmer lag auf derselben Etage wie meines. Im Flur, während der Pause trafen sich unsere Blicke manchmal. Ihrer wich rasch aus. Ich war auch nicht der Mutigste und fing erst mal an, Kontakte zu ihren Klassenkameraden zu knüpfen. Bald verbrachte ich fast jede Pause in ihrer Klasse. Es gelang mir, durch Scherze die Aufmerksamkeit der Mädchen auf mich zu ziehen. Nur nicht die Emilias. Nahm sie meine Bemühungen überhaupt wahr? Es schien mir, dass sie auch von anderen begehrt wurde. Vielleicht hatte sie sich schon für jemanden entschieden. Aber für wen? Etwas sagte mir, ich dürfe die Geduld nicht verlieren.

Eines Tages kam Emilia zusammen mit einem anderen Mädchen auf mich zu. Sie schaute zu Boden, die Freundin steckte mir einen Papierschnipsel in die Tasche, und beide rannten weg. »Ich will mit dir befreundet sein. Willst du mit mir spazieren gehen? Emilia«, stand da geschrieben. Offenbar hatten die beiden das Briefchen zu zweit verfasst, jedes

Wort abwechselnd, in zwei Handschriften. Also doch! Das Mädchen mit den zusammengepressten Lippen, das an meinem ersten Schultag aus der schwarzen Limousine gestiegen war, wollte mit mir spazieren gehen. Den Umstand, dass das Objekt meiner Begierde die Enkelin des allmächtigen Vorsitzenden der bulgarischen Kommunistischen Partei war, ließ ich beiseite.

Der Spaziergang fand im Park der Freiheit statt. An einem Nachmittag, sicherlich an einem Sonntag, Ende Oktober. Ich wartete auf der Adlerbrücke, unmittelbar vor dem Haupteingang des Parks. Eine Limousine hielt vor mir an, Emilia stieg aus, natürlich in Begleitung ihrer Freundin. Mit Röntgenblick durchleuchtete mich der Chauffeur von Kopf bis Fuß, dann gab er Gas und verschwand. Wir standen eine Weile herum, keiner wusste was zu sagen, bis es schließlich zwischen Emilias Lippen herausschlüpfte: »Gehen wir!« Wir betraten den Park. Die Stadtgeräusche entfernten sich langsam. Unter den Bäumen, die ihre herbstlich gefärbten Kleider auf die Alleen herabfallen ließen, wurde es immer stiller, und die Notwendigkeit, etwas zu sagen, wurde immer dringender. Ich fühlte mich dafür nicht zuständig und baute auf die Anwesenheit der mitgebrachten Freundin. Doch Emilia war diejenige, die als Erste die Stille durchbrach. »Wann ist dein Geburtstag?« Und noch bevor ich antworten konnte, sagte sie: »Meiner ist am 7. November, also im nächsten Monat.« Was?! Am Tag der russischen Oktoberrevolution! Ich musste laut lachen. »Da hast du ja wirklich die Revolution im Blut!« Emilia presste die Lippen wieder zusammen, ihre Freundin wurde rot. »Aber wenn du es unbedingt wissen willst: Ich bin am 20. Januar geboren. Übrigens am gleichen Tag wie Fellini«, versuchte ich die Situation zu überspielen. Emilia warf mir einen fragenden Blick zu, und ich begriff: Sie wusste nicht, wer Fellini war. Ich legte los: »Wollen wir zusammen ins Kino gehen? In der Cinemathek läuft gerade *Amarcord*. Oder magst du Fellini nicht? Doch, oder?« Sie schwieg. »Also, da laufen auch sowjetische Filme«, sagte ich langsam, »aber auch ganz tolle andere – amerikanische, französische, japanische …« Ich war in meinem Element und tischte ihr einen Regisseur nach dem anderen auf: Murnau, Fritz Lang, Billy Wilder, John Ford, Alfred Hitchcock, Sergej Eisenstein, Luis Buñuel, Akira Kurosawa, dazu die, die ich aus Georges Sadouls *Histoire générale du cinéma* kannte, einem meiner Lieblingsbücher in der Bibliothek meiner Eltern. Einige Filme hatte ich tatsächlich schon gesehen. Emilia hörte zu, sagte nichts, ihre Augen wurden immer größer. Dann murmelte sie: »Was ist eine Cinemathek?« Ich holte tief Luft.

Das Kino Druschba (zu Deutsch »Freundschaft«), wie die bulgarische Cinemathek hieß, hatte inzwischen das Dimitroff-Kino aus meinem Leben verdrängt. Das fing an, als mein Vater mir Karten für eine Reihe Ingmar-Bergman-Filme schenkte. Einmal in der Woche, um acht Uhr abends, durfte ich dann ins Kino Druschba, um mir die Einführung eines Filmkritikers anzuhören und anschließend den Film zu sehen. Die Reihe begann mit *Wilde Erdbeeren*. Ich starrte auf die Leinwand, verstand kaum etwas, wurde aber trotzdem von der rätselhaften Stimmung des Films aufgesogen.

Im Kino Druschba liefen alle Filme in Originalfassung. Wenn die Untertitel fehlten, kamen die Simultanübersetzer zum Einsatz, die man nie sah, aber immer an den Stimmen erkannte. Sie saßen ganz hinten in ihrem kleinen Kabuff und begnügten sich nicht damit zu übersetzen, sondern gaben oft auch ihren eigenen Kommentar zum Geschehen: »Was für ein Arschloch!« Oder: »Jetzt wird alles gut!« Sprüche, die mit Gelächter und Applaus aufgenommen wurden.

An den Wänden des Kinos hingen die überlebensgroßen Reproduktionen von berühmten Filmszenen: die weit aufgerissenen Augen von Peter Lorre, der per Zufall im Spiegel den Buchstaben M auf seinem Rücken entdeckt, Nanouk aus dem Norden mit gezückter Harpune, Humphrey Bogart im weißen Smoking mit Zigarette und traurigen Augen – vermutlich der Moment, als er in *Casablanca* zu einer schönen Emigrantin sagt: »*You want my advice? Go back to Bulgaria.*« Wir verbrachten ganze Nächte mit Schlafsack und Zelt vor dem Kino, in der Hoffnung, eine Karte für den Beatles-Film *Help* zu ergattern. Die Kasse öffnete um neun Uhr morgens, die Schlange der Wartenden zog sich um mehrere Häuserblocks. Im Kino Druschba sah ich auch Pasolinis *Salò – Die 120 Tage von Sodom* und Bertoluccis *Der letzte Tango in Paris*. Ich musste mich heimlich einschleichen, sonst hätte man mich nicht reingelassen.

Ich konnte nicht aufhören zu quasseln. Die Freundin war schon längst zurückgeblieben und sammelte Kastanien. Auf einmal lösten sich Emilias Lippen. »Ich möchte dich gern zu meinem Geburtstag einladen.«

Am 7. November, dem höchsten Feiertag der sozialistischen Völker, begab ich mich zu Emilias Haus. Es war früher Nachmittag, die Militärparade bereits vorbei, und die Straßen waren menschenleer. Ich stand vor dem Eisentor eines stattlichen Gebäudes, sicherlich aus dem Besitz einer enteigneten bürgerlichen Familie. Ich klingelte, das Tor ging auf, und ich wurde von einem Mann in der Uniform der Volksmiliz höflich empfangen. Ich war erstaunt: Sehr ungewöhnlich für einen Milizionär! Er checkte seine Liste, fand meinen Namen und öffnete mir die Tür zum Fahrstuhl.

Im Vestibül nahm Emilia mir die Jacke ab und übergab sie einer älteren Frau mit weißer Schürze und Häubchen, die so rasch verschwand, wie sie gekommen war. Über verschiedene Flure führte mich Emilia zu einer Zimmerflucht, die aus drei ineinander übergehenden Salons bestand. Nie zuvor hatte ich eine so große Wohnung gesehen: Das Mobiliar war spärlich, aber massiv. An den Wänden hingen Gemälde namhafter bulgarischer Maler, sie gehörten ursprünglich zur Sammlung der Nationalgalerie. Große Schinken des sozialistischen Realismus: glückliche Bauern auf Dreschmaschinen, Frauen in Tracht auf Rosenfeldern, schwitzende muskulöse Arbeiter am Fließband. Daneben Kunstwerke der bürgerlichen Epoche Bulgariens: Porträts, Stillleben oder Landschaften.

Die Wohnung wirkte unbewohnt. Alles war klinisch sauber und an seinem angestammten Platz. Aus der Küche kam weder ein Geruch, der verriet, was gekocht wurde, noch hörte man den Lieblingsradiosender einer Großmutter, die mit dem Geschirr klapperte. Alles sehr befremdlich.

Die Sechstklässler standen um das Büfett herum: ein langer Tisch, bedeckt mit einer Vielzahl von Platten voller Kanapees mit Russischem Salat und *Lukanka*, meiner Lieblingswurst – eine Seltenheit, viel zu teuer und fast nie in unserem Kühlschrank vorhanden. Alle stopften sich voll und tranken Coca-Cola. Die Frau mit dem Häubchen brachte immer wieder frische Platten herein und trug die halb leeren weg. Ich war der einzige Fünftklässler – was für eine Ehre!

Mein Erscheinen hatte sichtlich überrascht: Besonders die Jungs staunten nicht schlecht und starrten mich an wie einen Marsmenschen. Doch ich blieb gelassen. Ich hatte schließlich schon einen Spaziergang mit Emilia im Park der Freiheit hinter mir. Einer, der ebenfalls ein Auge auf sie geworfen hatte, fühlte sich von meiner Anwesenheit besonders bedroht: Stojan. Er war aus dem Stimmbruch schon fast raus, was ihn viel älter und reifer als die anderen erscheinen ließ, und galt als der Leitwolf in der sechsten Klasse. Ich hatte Respekt vor ihm, aber er tat mir auch leid. Ich wusste, dass er vor Kurzem erst seinen Vater verloren hatte, und der Verlust, der sich in seinen Augen spiegelte, verlieh ihm eine düstere Aura. Jetzt musste er mit einem Neuling zurechtkommen, der in sein Revier eindringen wollte.

Ich hatte mich gerade an das Büfett herangemacht, als plötzlich eine helle Frauenstimme rief: »Hallo, Kinder!« Alle Köpfe drehten sich um. Mitten im Salon stand Emilias Mutter, die Genossin Kulturministerin Schiwkowa in Person. Den unentbehrlichen Turban auf dem Kopf, lächelte und nickte sie nach rechts und links. Hinter ihr, mindestens einen

Kopf größer, Ivan Slavkov, ihr zweiter Ehemann und Stiefvater von Emilia, ein ehemaliger Berufssportler, der mittlerweile aufgehört hatte, auf sein Gewicht zu achten. Seine stattliche Erscheinung und sein joviales Gehabe kannte ich aus dem Fernsehen, dessen Generaldirektor er dank seiner vorteilhaften Heirat geworden war. Sie begannen uns die Hände zu schütteln und die üblichen Fragen zu stellen, die Eltern den Freunden ihrer Kinder stellen: »Wie geht es dir in der Schule? Was machen deine Eltern?« Obwohl es nur der Geburtstag einer Mitschülerin war, kam ich mir vor wie auf einem Staatsempfang. Gleich war ich an der Reihe. Meine erste Berührung mit der Staatsmacht! »Wo sind denn hier die Servietten?«, dachte ich, während ich ein Kanapee mit Russischem Salat hinunterwürgte und mir die Mayonnaise von den Fingern leckte. Ich ergriff die ausgestreckte Hand der Ministerin. »Dich kenne ich nicht, du bist neu, wie heißt du?« Ich nannte meinen Namen. »Samuel, ja, und weiter?« Wie weiter? »Dein Nachname?« Ich versuchte, witzig zu sein: »Ist das hier ein Verhör?« Die Ministerin lachte nicht. Bevor sie reagieren konnte, fühlte ich schon die feste Hand ihres Gatten. Von meinem Vater hatte ich gelernt, jeden Händedruck mit gleicher Stärke zu erwidern. Ich bemühte mich redlich, aber der Ex-Wasserballspieler zerquetschte mir die Hand in seiner Pranke. Er ließ erst los, als er mein von Schmerz verzerrtes Gesicht sah, lachte laut und klopfte mir kumpelhaft auf die Schulter. Dann griff er seine Frau um die Taille: »Komm, lassen wir die jungen Leute allein.« Kurz bevor die beiden den Salon verließen, drehte er sich noch mal um und verkündete augenzwinkernd: »Nicht vergessen, vorm Knutschen das Licht auszumachen, he-he-he!« Diese Anspielung brachte Farbe in das bleiche Gesicht der Ministerin – was ihn jedoch nicht davon abhielt, tatsächlich den Lichtschalter neben der Tür zu betätigen. Zum Knutschen kam es nicht.

Ich war angenehm überrascht, als Stojan mich einige Monate später zu seinem Geburtstag einlud, und das, obwohl ich mittlerweile der Sieger im Wettstreit um die Gunst von Emilia geworden war. Ich fuhr natürlich in ihrer Begleitung zur Party. Sie holte mich sogar von zu Hause ab – mit Limousine und Chauffeur. Der schwarze Wolga stand auf einmal vor unserer Haustür, und ich hoffte, dass bloß kein Nachbar sah, wie ich einstieg.

Stojan wohnte allein mit seiner Mutter in einem bescheidenen einstöckigen Häuschen in einem Außenbezirk. Seine Bewohner verhielten sich so, als wären sie nicht sicher, ob sie noch Bauern oder schon Großstädter waren. Niedrige, schiefe graue Häuser mitten in noch graueren Gärten, Zäune aus Resten von Wellblech, Holzplatten und Stacheldraht. Hinter den Feldern am Horizont: rauchende Fabrikschlote. Im Matsch der Straßen fuhren Pferdewagen, Hühner gackerten fast aus jedem Hof, hier und da hörte man Schafe blöken und Hunde bellen. Diese Geräuschkulisse wurde gelegentlich vom Klingeln der Straßenbahn zerrissen, die dort ihre Endstation erreichte und ein Beweis dafür war, dass dieses Viertel bereits zur Stadt gehörte. *Nadeshda* (zu Deutsch »Hoffnung«) hießen sowohl das Viertel als auch die Endstation.

Wer auch immer sich diesen Namen ausgedacht hatte, es war bestimmt gut gemeint: als kleines Polster gegen die herrschende Trostlosigkeit.

Stojans verwitwete Mutter arbeitete beim bulgarischen Fernsehen, in irgendeiner technischen Abteilung. Für die Geburtstagsfeier ihres Sohnes hatte sie es geschafft, einen Videorekorder zu besorgen und an den Farbfernseher anzuschließen. Sie legte eine Kassette ein, und auf dem Bildschirm erschien ein Moderator, der auf Deutsch etwas ankündigte, wovon ich nur die Namen der Bands und Sänger verstand. Zum ersten Mal in meinem Leben sah ich die Gesichter und die zu den Stimmen gehörenden Körper in Bewegung: ABBA, Tina Turner, Status Quo und all die anderen. Im engen Wohnzimmer ein Gekreische und Gehüpfe, als wären wir im Wembley-Stadion bei den Rolling Stones. Stojans Mutter, eine kleine Frau mit großen lustigen Augen und rauer Stimme, eine Zigarette im Mundwinkel, machte mit, sprang und grölte. Man hätte denken können: Eine von uns! »Willst du auch eine? Komm, von mir erfährt keiner was!« Sie reichte die Schachtel herum, aber keiner traute sich, außer ihrem Sohn.

In den folgenden zwei Jahren, bevor ich die Schule verließ, galten Emilia und ich als Paar. Oder besser gesagt als Trio, denn bei unseren Treffen musste immer eine ihrer beiden Busenfreundinnen Wache halten. Wir gingen ins Kino, liefen Schlittschuh – gute Gelegenheiten, sich an der Hand zu halten. Bei den von der Schule organisierten Theaterbesuchen war das allerdings nicht möglich: zu viele neugierige Augen. Regelmäßig holte mich der Wolga unter den missbilligenden Blicken meiner Eltern zur Party ab. Emilia und ich tanzten Blues Wange an Wange, am liebsten Led Zeppelins *Stairway to Heaven*, der Länge wegen. Ich durfte meine Hand um ihre Taille legen, sie an mich ziehen und ihre festen, gut entwickelten Brüste spüren. An gegenseitigem Begehren mangelte es nicht. Dank meiner Bemühungen, sie zum Lachen zu bringen, öffneten sich Emilias zusammengepresste Lippen immer häufiger. Aber habe ich sie jemals geküsst? Ich müsste es eigentlich wissen. War ich nicht mutig genug? Hätte ich's denn sein müssen, mit dreizehn? Oder war ich schon vierzehn?

13 FLEISCHTOMATE GEFÜLLT MIT PILZEN

Wir stehen auf dem Botev, einem Berggipfel im Stara Planina, dem bulgarischen Balkangebirge. Nach fünftägiger Fußwanderung und Übernachtungen in Hütten, bei denen alles, was während einer Schulreise vorkommen kann, auch vorkam – von harmloseren nächtlichen Streichen bis zur Alkoholvergiftung –, haben wir unser Ziel erreicht. Wir, die Siebt- und die Achtklässler, begleitet von unseren Lehrern. Das Motto der Wanderung: »In den Fußstapfen des Christo Botev«.

Die Daguerreotypie des Revolutionärs und Dichters Christo Botev hing in jedem Klassenzimmer. Pechschwarzer Vollbart, ungewöhnlich hohe Stirn und fanatischer Blick. Während ich gegen die ebenso allgegenwärtigen Porträts von Dimitroff und Schiwkow unüberwindliche Abneigung empfand, fühlte ich mich von der Entschlossenheit im Ausdruck dieses jungen Menschen stark angezogen. Botev hatte nicht genug Zeit, um mehr als zwanzig deprimierende Gedichte zu schreiben, doch sie wurden von Generationen von Schülern auswendig gelernt. Und ihre düsteren Verse passten äußerst gut zu der Seelenverfassung des pubertierenden Jungen, der ich damals war. Von seinem absurden Heldentum war ich zugleich eingeschüchtert und fasziniert. Wie David mit der Steinschleuder den übermächtigen Goliath besiegen wollte, hatte sich Christo Botev vorgenommen, das übermächtige Osmanische Reich herauszufordern. Er schaffte es, im rumänischen Exil etwa zweihundert Gleichgesinnte um sich zu scharen, mit denen er am 17. Mai 1876 den Donau-Raddampfer »Radetzki« in seine Gewalt brachte. Diese Aktion hatte etwas Pathetisches, um nicht zu sagen Theatralisches: Die kleine Truppe trug eine eigens für diese Gelegenheit angefertigte Uniform – halb folkloristisch, halb militärisch –, die an Bord des Dampfers angelegt wurde. Wohl wissend, dass der Aufstand der bulgarischen Bevölkerung gegen die osmanische Herrschaft bereits niedergeschlagen war und sein Unternehmen einem Selbstmord gleichkam, stürzte sich Botev mit seinen Getreuen dem Feind entgegen. Seine Überzeugung, dass sich das ganze Volk erheben würde, wenn er erst bulgarischen Boden betrat, war unerschütterlich. In dem Abschiedsbrief an seine Frau, die er mit der neugeborenen Tochter zurückgelassen hatte, schrieb er: »Verzeiht mir, dass ich Euch nicht verraten habe, wohin ich gehe. Wenn ich überlebe, werden wir die Glücklichsten auf Erden sein. Wenn ich sterbe, sollst Du wissen, dass ich außer dem Vaterland niemanden mehr geliebt habe als Dich und unsere Tochter.«

Der Amoklauf endete drei Tage später, auf dem Gipfel des Berges, der seitdem den Namen des Dichters trägt. Umstellt von türkischen Truppen, von einer Kugel mitten in die Stirn getroffen, starb Botev im Alter von achtundzwanzig Jahren. Jedes Jahr am 2. Juni, Punkt zwölf Uhr mittags, steht seither ganz Bulgarien eine Minute lang still, um sich auf das Loch in dieser ungewöhnlich hohen Stirn zu konzentrieren. Ich stellte mir Botevs Gesicht wie das Ziffernblatt einer Bahnhofsuhr vor: Jedes Jahr zur selben Zeit trifft die Kugel in die Ziffer Zwölf. Statt des tödlichen Schusses hört man dann das Heulen der Sirenen, wie bei einem Luftangriff. Der Beginn der Schweigeminute. Als ich klein war, machte es mir Vergnügen, von meinem Fenster aus zu beobachten, wie auf einmal alles erstarrte: die Passanten, die verschämt aneinander vorbeischauten oder den Kopf hängen ließen. Die Autos, die anhielten und den Motor abstellten. Die Straßenbahnführer, die neben ihren Straßenbahnen strammstanden. Selbst der Verrückte, der mit seinen Krücken unablässig den Platz der Wiedergeburt entlangrannte, verharrte, legte die Krücken nieder, stützte sich an der Straßenlaterne ab und schwieg.

Es ist zwar schon Anfang Juni, aber zweitausend Meter über dem Meer ist es nicht gerade warm. Der Wind macht die Sache noch schlimmer. Das weiße Hemd flattert, meine Zähne klappern. Eine Jacke überzuziehen ist nicht erlaubt. Die beiden Enden des roten Pioniertuchs nerven, ich muss sie ständig aus meinem Gesicht wischen. Die verhasste Schaffellmütze, mit ihrem breiten weißen Rand eine misslungene Nachbildung der Fantasieuniform Botevs, droht mit jedem Windstoß davonzufliegen.

Die Siebtklässler stehen in einer Reihe vor dem Monument, eine zehn Meter hohe Betonsäule mit einem etwas verblassten roten Fünfstern darauf. »Hier hat der unsterbliche Revolutionär sein Leben für unser Vaterland lassen müssen, hier traf ihn die tödliche Kugel«, erklärt unser Physiklehrer, ein Hüne mit dicken Brillengläsern und dicken Lippen. »Was hat ein Fünfstern mit Botevs Kampf gegen das Osmanische Reich zu tun? Das verstehe ich nicht«, werfe ich ein. »Jetzt ist wirklich nicht der Moment für schlaue Fragen!«, zischt der Lehrer. »Der Erste wird jeden Moment da sein. Wenn der Erste erst mal da ist, muss die Zeremonie sofort beginnen.«

Die Zeremonie war die offizielle Aufnahme der Achtklässler in den Kommunistischen Jugendbund. »Der Erste« will seiner Enkelin das Mitgliedsbuch persönlich übergeben und ihr die rote Krawatte umbinden. Meine Klasse und ich sind nur als Statisten geladen, sozusagen um das Gesamtbild zu vervollständigen. Wir haben uns nicht umsonst fünf Tage lang abgestrampelt: Jetzt ist die Dekoration komplett. Unserer Reihe gegenüber stehen in hellblauen Hemden die Achtklässler. Ganz vorn Emilia, der wir die bevorstehenden Festlichkeiten verdanken. Die Lehrer schauen nervös auf die Uhr, korrigieren unsere Haltung, zupfen an unseren Uniformen herum, tuscheln miteinander, der Wind weht, wir zittern, Emilias zusammengepresste Lippen sind blau. Alles wartet.

Die Wolken hängen tief, weshalb man nicht feststellen kann, aus welcher Richtung das bebende Flattern auf uns zukommt. Plötzlich durchbohrt ein gigantischer weißer Hubschrauber die dichte Wolkendecke und landet in nächster Nähe. Das Knattern ist so laut, dass sich alle unwillkürlich die Ohren zuhalten. Unsere Fellmützen fliegen davon, die Frisuren der Lehrerinnen auch. Dennoch rührt sich niemand von der Stelle. Langsam kommen die Blätter des Propellers zum Stillstand. Ein Mensch, den wir bis dahin nirgendwo gesehen hatten, rennt zum Hubschrauber, stellt sich vor die Tür und salutiert. Die Tür öffnet sich, eine Treppe wird ausgefahren. Gleich kommt der Moment, in dem der Generalsekretär der Kommunistischen Partei Bulgariens und Staatsoberhaupt Genosse Todor Schiwkow vor mir erscheinen wird. Da ist er! Und er winkt! Beim Winken bewegt er seinen rechten Unterarm mit der Handfläche zu sich gekehrt vor und zurück. Das sieht aus, als würde er permanent jemanden zu sich rufen. Sein spärliches Haar, das er von rechts nach links kämmt, um seinen kahlen Schädel zu verbergen, wird sofort vom Wind verweht. Das macht ihm nichts, er ordnet es irgendwie und steigt die Treppe runter. Er schreitet auf unsere Reihen zu mit dem für ihn typischen hölzernen Gang: linker Arm, linkes Bein, gefolgt von rechtem Arm, rechtem Bein. »Das ist doch extrem unbequem! So läuft nur ein Dromedar!«, hatte ich immer wieder festgestellt bei meinen Versuchen, ihn nachzuahmen. Dem Ersten folgt schweigend ein Tross von Sicherheitsbeamten. Unsere Lehrer wissen nicht, wie sie es anstellen sollen: Schiwkow gleich entgegenlaufen oder lieber auf ein Zeichen warten? Allein die Schuldirektorin fasst Mut und macht ein paar Schritte in seine Richtung. Zu spät: Er bemerkt sie gar nicht, denn er hat seine Enkelin gesichtet. Er stößt einen Laut aus, der sich wie ein Lachen anhört, und stürzt sich auf Emilia. Habe ich es richtig gesehen? Haben ihre Augen mir einen Hilferuf zugesendet, bevor sie von Großvaters Bärentatzen erdrückt wird? Sie lässt es über sich ergehen. Jemand aus dem Gefolge hält ihm die frisch gedruckte Urkunde hin. »Warte mal, nicht so schnell, gib jetzt erst mal die Krawatte her!«, brummt Schiwkow. Eine rote Krawatte wird herübergereicht, er legt sie um Emilias Hals und versucht, einen Knoten zu binden, doch nach drei Versuchen gibt er auf. »Ich kann es nur vor dem Spiegel, he-he-he!« Kurze Pause … Jetzt dürfen alle mitlachen. Er winkt ab und lässt die errötete Emilia mit dem roten Knäuel um den Hals stehen. Dann verteilt er die Urkunden an die restlichen Schüler und schmettert drei, vier Parolen: »Ihr seid die kommenden Erbauer unseres sozialistischen Vaterlandes … Auf euren Schultern liegt unsere Zukunft … Es lebe die sowjetisch-bulgarische Freundschaft …« Mit dem nahtlos anschließenden Aufruf »Jetzt gehen wir mal was essen!« setzt er seinen rechten Arm und sein rechtes Bein wieder in Bewegung.

Von den acht Gängen des Festmahls hat sich einer mir besonders eingeprägt: Fleischtomate gefüllt mit Pilzen.

Der Terrazzoboden in meiner Küche erinnert mich jetzt an den Querschnitt eines menschlichen Hirns. Ich sehe mich in einem Anatomiesaal, an einem Seziertisch. Vor mir mein eigener Kopf, mit aufgeklapptem Schädel.

Die durchschnittenen Gehirnwindungen entsprechen

der Struktur des Küchenbodens. Ich beginne sie zu untersuchen. Jedes der Steinchen darin hat eine eigene Form und Farbe. Es gibt große und kleine, helle und dunkle. Manche kleben aneinander, andere sind vereinzelt. In dem scheinbaren Chaos haben aber alle ihre eigene Wichtigkeit, unabhängig von Größe und Intensität der Farbe. Die Steinchen setzen sich in Bewegung. Ich gerate wieder in ihren Wirbel. Die Ereignisse überschlagen sich.

14 IM SOMMER KOMMEN DIE VERWANDTEN

Am Ende des Zweiten Weltkriegs hatte Bulgarien das zweifelhafte Glück, von den Russen befreit zu werden. Die Kommunisten übernahmen die Macht. Infolge der Neuaufteilung Europas in Ost und West sah sich ein Großteil der jüdischen Bevölkerung – zu dieser Zeit ca. fünfzigtausend Menschen, die von der Schoah weitgehend verschont geblieben waren – nun doch gezwungen, das Land zu verlassen. Die massiven Berufsverbote und Enteignungen der kommunistischen Machthaber schränkten das jüdische Leben dramatisch ein. Der 1948 neu gegründete Staat Israel auf palästinensischem Boden bot sich als Zuflucht an, für manche nur auf Zeit. Für die bulgarische Regierung war dies eine günstige Gelegenheit, an der Ausstellung von Ausreisegenehmigungen ordentlich zu verdienen.

Alle sechs Geschwister meiner Großmutter Mathilda und auch die sechs Geschwister meines Großvaters Sami wanderten nach Israel aus. Manche blieben dort, andere zogen weiter. Und bestätigten damit Stalins Antisemitismus, der die Juden als »wurzellose Kosmopoliten« diffamierte. Nur Mathilda, Sami und ihre Kinder Itzhak und Ida blieben in Bulgarien. Dabei war das Mobiliar schon verkauft, die Koffer gepackt. Doch die neunzehnjährige Ida wollte auf gar keinen Fall weg, sie war frisch verliebt. Dazu kam, dass mein Großvater plötzlich schwer erkrankte. Und dem pubertierenden Sohn war alles egal. Was tun, was tun? Mathilda konnte sich nicht entscheiden. Unauflösbare Zweifel versetzten sie in einen solchen seelischen Notstand, dass man sie in eine psychiatrische Anstalt einlieferte, in der sie nach den erprobten Methoden der stalinistischen Psychiatrie mit Elektroschocks und eiskalten Bädern behandelt wurde. Als sie endlich entlassen wurde, waren nur ihr Mann, ihre Tochter und ihr Sohn in Sofia übrig geblieben. Alle anderen: weg.

Doch jeden Sommer zog es die Verwandten in die alte Heimat zurück. Aus Tel Aviv, Lyon, Paris, New York, London, São Paulo, Buenos Aires, Ajaccio und selbst Teheran kamen sie: Tante Betti, Tante Regina, Tante Soli, Tante Esther, Tante Rosa. Tante Nora aus São Paulo, Tante Nora aus New York, Onkel David, Elias, Poldi, Bobby, Tina, Onkel Emil, Jacky, Josepha, Sydney, Onkel Eliezer, Charles, Joseph, Leontina, Jeannot, Maxim, Hansi, Moira, Jacquelin, Tante Elvira, Charlotte, Dora und Jacky Schwarz. Nur der andere Onkel Emil durfte nicht kommen. Er arbeitete als Ingenieur für die israelische Luftwaffe, und es war ihm verboten, sozialistische Länder zu besuchen.

Leon, der älteste Bruder meines Großvaters Sami, war überzeugter Kommunist und schon als junger Mann dem

Kommunistischen Jugendbund beigetreten. Davon zeugt eine Fotografie aus den Zwanzigerjahren, auf der Leon neben Georgi Dimitroff abgebildet ist. Leons Blick ist in die Kamera gerichtet in voller Zuversicht auf eine helle Zukunft. Sie trifft nicht so schnell ein.

1923 beteiligt sich Leon an einer Reihe von Putschversuchen, die misslingen und dadurch einem rechtsextremen Regime zur Macht verhelfen. In Bulgarien beginnt der sogenannte Weiße Terror – eine Jagd auf Kommunisten und linke Intellektuelle, die auch Leon gilt. Er weiß, dass die Polizei ihm auf die Spur gekommen ist, er muss fliehen. Aus dem Fenster seiner Wohnung im zweiten Stock beobachtet er, wie das Haus umstellt wird. Rasch schneidet er Figurinen aus Pappe aus, befestigt sie auf dem Schallplattenteller seines Grammophons, stellt eine Kerze in die Mitte und lässt es laufen. Die Schatten tanzen über die zugezogenen Vorhänge. Leon flieht durch die verwinkelten Hinterhöfe des jüdischen Viertels, landet in Paris und eröffnet dort eine Fleischerei. Dort, unter Würsten und Schinken, die von der Decke hängen und vielleicht nicht ganz koscher sind, treffen sie sich wieder: die aus ihrem Land gejagten bulgarischen Kommunisten.

Ein paar Jahre später wird auch in Lyon eine Fleischerei eröffnet, die nicht ganz koscher ist. Ihre Spezialität: Hinterschinken, gesalzen nach Art des Hauses. Das Geheimnis: Kurz vor der Schlachtung bekommen die Schweine eine kräftige Salzinfusion, die zu einer flächigen Verteilung des Salzes im ganzen Schweinekörper führt. Das Ergebnis: außergewöhnlich zarter und schmackhafter Hinterschinken. Die Gründer der Fleischerei und Erfinder der Methode: David, Leons Bruder, und Charles, Leons Sohn, beide Finzi. David, der mittlerweile in Bulgarien geheiratet hatte und aus familiären Gründen über Marseille nach Lyon gekommen war, teilt die politische Haltung seines Bruders in Paris nicht. Charles dagegen, benannt nach Karl Marx, bleibt den Ideen seines Vaters treu. Trotz dieser politischen Differenzen läuft die gemeinsame Fleischerei eine Weile lang sehr gut, bis eines Tages Geld in der Kasse fehlt. Der Antikommunist David beschuldigt den Marxisten Charles, sich zu seinen eigenen Gunsten verrechnet zu haben. Es entbrennt ein Streit, der nicht nur das florierende Geschäft zerstört, sondern zum Schisma der beiden Familienzweige führt. Von da an gibt es zwei verschiedene Schreibweisen des Familiennamens: Finzi ohne t und Fintzi mit t. Ich tendiere eher zu Finzi ohne t, aber nicht aus ideologischen Gründen.

CUMPLIMIENTO DE MINYÁN **15**

Mein Vater war nicht gläubig, und ich wurde auch nicht religiös erzogen. Trotzdem hielt er auf seine Weise an den Grundsätzen fest, mit denen er aufgewachsen war. Die Beschneidung blieb mir also nicht erspart. Ich kann mich daran nicht erinnern, bin aber mit dem Ergebnis sehr zufrieden.

Gemäß dem Willen meines Vaters fand die rituelle Handlung nicht auf herkömmliche Art und Weise statt – also nicht am achten Tag, wie es das jüdische Gesetz vorschreibt, und auch nicht durch den Mohel in der Synagoge (was unter medizinischen Aspekten von Nachteil gewesen wäre), sondern erst, als ich bereits drei Monate alt war, unter Betäubung und durch die Hände eines Chirurgen. Da diese an sich intime Angelegenheit üblicherweise öffentlich verhandelt wird, nun aber in einer sterilen Arztpraxis vorgenommen wurde, beschloss mein Vater, das Ritual auf andere Weise kollektiv erlebbar zu machen. Beim anschließenden Festessen baumelte an einer Schnur befestigt meine Vorhaut über dem Esstisch.

»Mein Teuerster«, schrieb mir Papa neulich, »möchtest Du nicht wissen, welche Absichten ich hatte, als ich diese Reise mit Dir nach Paris unternahm? Es sollte eine große Tour durch mehrere Länder werden. Man sagte mir, dass die jüdischen Jungen zur Bar-Mizwa, also zu ihrer religiösen Volljährigkeit, ein großes Geschenk bekommen, etwas Besonderes, eine Reise eben oder etwas Ähnliches. (Wir Sepharden übrigens nennen die Bar Mizwa auch *Cumplimiento de Minyán.*)

Du warst fast vierzehn, als wir uns auf diese Reise begaben, ich kann mich nicht genau erinnern. Ja, genau, es war im Sommer, nachdem Du dreizehn geworden warst. Und ich hatte das Gefühl, dass es an der Zeit war, Dir begreiflich zu machen: Sowohl im Sozialismus als auch im Kapitalismus ist das Leben voller Unstimmigkeiten, absurder Situationen, Defizite, Hindernisse, kurz: Idiotien aller Art.

Es war üblich, dass Deine Mutter vor größeren Unternehmungen zu streiten anfing. Sie meldete lauter Bedenken an und verkündete am Ende, mit mir nicht mehr reisen zu wollen. Diesmal ließ ich mir eine List einfallen: Ich ließ Dich in ihren Reisepass eintragen, und als sie wieder im letzten Moment die Reise absagen wollte, sagte ich: ›Dann wird auch dein Sohn darauf verzichten müssen.‹ Sie fuhr mit.

Wir hatten ein Schlafwagenabteil. Das Besondere daran war, dass ich darüber hinaus nichts weiter organisiert hatte. Ich plante von einem Tag auf den anderen und hing ständig in Telefonzellen, um die Route in die nächste Stadt zu organisieren. Wir wurden von glücklichen Zufällen begleitet. Wie

Du weißt: Es gibt Kräfte, die nichts mit irgendeinem Gott zu tun haben, aber doch da sind!«

Die Organisation einer solchen Reise in den Westen für eine ganze Familie war ein kühnes Unterfangen, verbunden mit zermürbenden Behördengängen, vergeblichem Warten und getäuschten Hoffnungen. Die entscheidende Wende brachte unverhofft der Pförtner des Theaters der Arbeiterfront, ein pensionierter Stasioffizier, der aus unerfindlichen Gründen Sympathie für meinen Vater empfand. Seine Verbindungen zu den entsprechenden Behörden bewegten unseren Reiseantrag von einem Schreibtisch zum anderen, bis er schließlich den ersehnten Stempel »Genehmigt« erhielt – unter der Bedingung, dass die Reiseroute festgelegt und die Finanzierung der Reise gewährleistet war. Da die offiziell zum Kauf angebotenen Devisen minimal waren, kam mein Vater auf die Idee, unsere Verwandten in New York, die Varsanos, um Unterstützung zu bitten.

Onkel Sammy Aharon, ein kleiner drahtiger Mann mit übergroßen Augen, dank seiner dicken Brillengläser, und stark ausgeprägten O-Beinen, die er dem langen Dienst in der kaiserlichen Kavallerie verdankte, lebte allein in Sofia. Er war der Vater von Bobby Aharon, dem Ehemann von Nora Varsano, der Nichte meiner Großmutter Mathilda. Wegen seines hohen Alters durfte er nicht mehr zu seinem Sohn nach New York fahren – seine Krankenversicherung wäre unbezahlbar gewesen. Mein Vater bot also Bobby an, seinem Vater Sammy eine Summe, die ungefähr vier sozialistischen Monatsgehältern entsprach, in bulgarischer Währung auszuzahlen. Als Gegenleistung sollte Bobby einen Scheck über fünfhundert Dollar bei einer Bank in Paris hinterlegen.

Papa und ich brachten Onkel Sammy die verabredete Summe. Wir klingelten lange an seiner Wohnungstür. Irgendwann ging die Tür auf, eine stinkende Dunstwolke kam uns entgegen, darin hing Onkels Sammys Brille. Mein Vater schob Sammy beiseite, stürzte in die Küche, wo er die Ursache des Gestanks fand und das Feuer auf dem Herd löschte. Es war ganz offensichtlich besser für Onkel Sammy, wenn er nicht nach New York fuhr.

Anfang Juli nahmen wir den Nachtzug Richtung Italien, und nach einer kurzen Zitterpartie an der bulgarisch-jugoslawischen Grenze langten wir am nächsten Tag in Venedig an. (Dieses Zittern blieb noch lange für mich ein lästiger Wegbegleiter beim Überqueren von Staatsgrenzen.)

Venedig! Ja, klar, Canal Grande, San Marco, Rialto … Aber, mein Gott! Man konnte in einen Laden gehen und eine Bluejeans kaufen oder original Adidas-Turnschuhe, einfach alles, was man wollte!

Wir übernachteten in einer billigen Pension, am nächsten Morgen ging es weiter nach Florenz. Dort angekommen, klebte ich wieder an den Schaufenstern, bis mich meine Eltern in die Galleria dell'Accademia schleppten und ich plötzlich dem David von Michelangelo gegenüberstand, den ich sofort wiederkannte – dank der *Weltgalerie*, meiner Kunstzeitschrift.

Ich kann mich nicht von der Stelle rühren. Ich bin gefangen von etwas, das mein pubertierendes Gemüt erschüttert: der Blick, die Finger, die den Stein umschließen, die Gelassenheit in der Anspannung, die Ambivalenz seiner Körperhaltung zwischen Selbstschutz und Angriff … Ich schaue zu diesem fünf Meter großen Jungen hoch. Das Größenverhältnis zwischen mir und David entspricht wahrscheinlich dem zwischen ihm und seinem gigantischen unsichtbaren Gegner. »Wie groß muss dann erst Goliath sein?«, frage ich mich. »Aber das bin doch ich! Dieser David, das bin ich! Ich spüre schon den Stein in meiner Hand!« Unwillkürlich nehme ich seine Haltung an. Schaue wie er zur Seite, nur taucht statt Goliath plötzlich mein Vater vor mir auf. »Komm mit! Ich muss dir was zeigen. Dann wirst du endlich wissen, wer dein Vater ist!« Er führt mich in den nächsten Saal und zeigt auf ein prächtiges Ölgemälde vom Jüngsten Gericht. Meine Mutter steht auch schon da – mit hochgezogenen Augenbrauen. Sie sieht die Pointe, die mein Vater liefern wird, bereits voraus. Das Gemälde zeigt Gottvater in gleißendem Licht über den Wolken schwebend, unter ihm die Erlösten und die Verdammten. »Habe ich's nicht immer schon gesagt?«, fragt Papa gespielt unschuldig und stellt sich noch näher ans Bild. Endlich hat er den Beweis für seine biblische Abstammung gefunden. Es stimmt: Das wirre Haar, der Vollbart, das starke Profil, der scharfe Blick – die Ähnlichkeit zwischen Gottvater und meinem Vater ist nicht zu übersehen. Mama verdreht nur die Augen und wendet sich mit einem Seufzer ab.

Bis wir Paris, das Ziel unserer Reise, erreichen, müssen

wir mit dem wenigen auskommen, was uns der Staat an Devisen zugesteht. Am günstigsten wäre es, bei Freunden oder Verwandten unterzukommen. Von Florenz fahren wir also weiter nach Siena. Dort teilen wir uns ein Zimmer mit befreundeten Orchestermusikern aus Sofia; sie stellen sich für die angehenden Dirigenten einer Sommerakademie zur Verfügung.

Wieder will es der glückliche Zufall, dass gerade an diesem Tag der alljährliche Palio, das berühmte Pferderennen, auf der eigens mit Sand aufgeschütteten Piazza del Campo stattfindet. Die ganze Stadt ist auf den Beinen, die Menschen sind in Renaissancekostüme gekleidet, deren jeweilige Farben für die konkurrierenden Stadtteile, die einzelnen *Contradas*, stehen. Nach dem Rennen wird das Siegerpferd im Jubel durch die Gassen geführt. Wein fließt in Strömen. Die Bürger der *Contrada*, die zum ersten Mal nach vielen Jahren den Sieg errungen hat, sind in Ekstase.

Mittlerweile beginnt man schon mit dem Aufräumen der Piazza del Campo. Große Laster rücken an, Menschen in Arbeitskleidung schleudern den Sand darauf. Grölende Männer ziehen vorüber und werfen den Arbeitern Sprüche zu, alle lachen.

Wir sitzen an einem der übrig gebliebenen Tische am oberen Rand des Platzes und beobachten das Treiben. Plötzlich zeigt mein Vater in Richtung Rathaus und beginnt mit einem Vortrag. »Sicherlich war der Architekt der Signoria auch in so einen Rausch geraten, als er damals, vor einigen Jahrhunderten, sein Bauwerk vollendet hatte.« Mama und ich schauen uns an: Wo kommt das jetzt her? Papa fährt fort. »Eingeladen von seinem Auftraggeber, dem Dogen von Siena, mit ihm zusammen den frisch erbauten Rathausturm zu besteigen, schauten beide von oben auf die Piazza del Campo und die ganze Toskana hinab: der Doge, stolz auf seine Idee, der Architekt, stolz, diese Idee verwirklicht zu haben. Überwältigt von dem Panorama, das sich ihnen bot, entschied der Doge, jegliche Möglichkeit auszuschließen, dass ein ähnliches Bauwerk an irgendeinem anderen Ort entstehen könnte. Der Architekt musste also aus dem Verkehr gezogen werden! Der Doge näherte sich dem Architekten, der sich noch immer an dem überwältigenden Ausblick und dem eigenen Erfolg berauschte. Ein kleiner Schubs, und er stürzte in die Tiefe. Das Geräusch des Aufpralls hörte der Doge nicht – der Turm ist immerhin achtundachtzig Meter hoch«, beendet mein Vater seine Geschichte und versäumt nicht die Gelegenheit, mir eine Regel auf den Lebensweg mitzugeben: »Es ist nicht gesund, sich am eigenen Erfolg zu berauschen.«

16 FINTZI VERSUS FINZI

Das Italienprogramm ist geschafft, die Reisekasse fast leer, und wir müssen zusehen, dass wir uns mit unseren letzten Lire bis nach Paris durchschlagen. In Turin haben wir eine Stunde Zeit, bevor der nächste Zug fährt. Aufgrund der Klavierwettbewerbe in verschiedenen italienischen Städten (zwei davon gewonnen!) kennt meine Mutter Italien viel besser als mein Vater. Trotzdem hat sie sich bis jetzt zurückgehalten und ihm die Reiseführung überlassen. Nun aber beschließt sie zu zeigen, was sie in Bezug auf die italienische *dolce vita* draufhat, und schleppt uns in eine *macelleria*. Dort bestellt sie *Prosciutto di Parma.* »Etwas, das man in Italien gegessen haben muss!«, erklärt sie uns. Der Metzger schaut irritiert, als sie nach der dritten hauchdünnen Scheibe, die er auf die Waage legt, *»Basta!«* ruft und auf ihr leeres Portemonnaie zeigt: *»Non ce più soldi!«*

Später sitzen wir auf der Bank am Bahnhofsplatz. Die Alufolie mit der kostbaren Delikatesse liegt auf Mamas Schoß. Papa hat in der Zwischenzeit drei Brötchen organisiert und schneidet sie auf. Der dreifache Hauch von Parmaschinken wird feierlich verteilt. *Ciao, bella Italia!*

Mein Vater hat einen Zwischenstopp in Lyon eingelegt, in der Hoffnung, dass wir dort von den Verwandten versorgt werden – den Fintzis mit t und den Finzis ohne t. Das einzige Problem: Wie können wir die einen besuchen, ohne dass die anderen davon Wind bekommen?

Ankunft Lyon. Unser Taxi hält vor einem Wohnblock in Tassin-la-Demi-Lune. Bezahlen wird es David Fintzi, der Bruder meines Großvaters Sami. Er wartet vor dem Hauseingang auf uns. Seine Erscheinung entspricht gar nicht meiner Vorstellung von einem Metzger, er ist schmächtig und nicht besonders groß. Das letzte Mal, als David meinen Vater sah, war er halb so alt wie ich jetzt und hatte blonde Locken. Nun steigt ein leicht ergrauter, vollbärtiger, schlanker Mann aus dem Taxi. Onkel David umarmt ihn, tritt einen Schritt zurück: »Bist du vom KGB? Ich bin mir sicher, du bist vom KGB, sonst hätten sie dich niemals rausgelassen. Du weißt, dass ich Antikommunist bin.« Dann fixiert er mit leicht geneigtem Kopf meine Mutter und mich, um uns in sein sehendes Auge zu fassen, das andere ist nämlich aus Glas. »Kommt ihr direkt aus Bulgarien?«, fragt er, »Ich mag keine Kommunisten. Die sind alle Heuchler und Betrüger!« In den nächsten Tagen werde ich feststellen: Das ist kein Witz, David hasst den Kommunismus.

Er gefällt mir, mein Großonkel, mit seinen sarkastischen Bemerkungen über das Leben im realen Sozialismus und dem Aufblitzen des gesunden Auges, wenn er sich über unser Staats- und Parteioberhaupt Schiwkow lustig macht. Alles Worte, die ich so offen ausgesprochen noch nie gehört habe. Zu Hause in Bulgarien wird meistens getuschelt und nicht ohne sich vorher umzuschauen. Man muss immer aufpassen, wo, wie und vor allem wem man was sagt. Meine diffuse Unzufriedenheit – die größtenteils meiner rasant fortschreitenden Pubertät geschuldet ist – bekommt so etwas wie eine politische Richtung. Und ich habe, zumindest für die Tage, die wir bei Onkel David sind, einen Verbündeten. Ich kann mich in den Diskussionen mit meinem Vater, bei denen ich die offensichtlichen Vorteile des Kapitalismus immer wieder hervorhebe, auf Davids Rückendeckung verlassen – selbst wenn es sich um die Tatsache handelt, dass man hier das Album *Jazz* von Queen in jedem Plattenladen kriegt, und zwar samt zugehörigem Poster. (Darauf sind hundert nackte, gut gelaunte Radfahrerinnen im Profil abgebildet, die auf den Startschuss warten. Eine beugt sich noch quer über ihr Rad, von ihr ist nur der leuchtende Hintern zu sehen. Was natürlich Onkel David weniger interessiert.) Mein Vater gibt nicht so schnell auf und versucht, alles wieder ins Verhältnis zu setzen. Er hat sich fest vorgenommen, dem eigenen Sohn dialektisches Denken beizubringen, was mich in Rage bringt.

Meines Vaters Auffassung von Erziehung war generell von einer gewissen Exzentrik geprägt. Die Linie seines pädagogischen Wirkens war keine konstante, sondern folgte vielmehr den Kurven seiner eigenen Erlebnisse und Erkenntnisse: ein gelesenes Buch, das Stück, das er gerade probte, Details aus dem Leben einer historischen Persönlichkeit.

Als ich noch im Vorschulalter war, unterzog er sich einmal einer dreiwöchigen radikalen Hungerkur unter Aufsicht einer guruhaften Heilerin, seinerzeit eine Ausnahmeerscheinung in der streng reglementierten sozialistischen Medizin. Er entschloss sich dazu, weil er einen Leistenbruch nicht operativ behandeln lassen wollte. Also stürzte er sich mit Feuereifer in dieses Abenteuer. Nach dem strikten Fasten folgte ein Monat mit Gemüse- und Obstsäften, die ihm meine Mutter bis zur Wiederherstellung seines normalen Essverhaltens anfänglich mit einem Teelöffel verabreichte. Während dieser Zeit spielte er ununterbrochen weiter, da sich der sozialistische Theaterbetrieb von seinen Experimenten nicht beeindrucken ließ. Für seine Kollegen zweifellos eine Überforderung, mit diesem Strich von einem Menschen auf der Bühne zu stehen – zwei riesige Augen auf Beinen. Es war eher der Geist meines Vaters, der da über den Brettern schwebte. Er erinnerte an Picassos Zeichnung von Don Quixote.

Papas körperliches Befinden bestimmte von da an jahrelang das gesamte Familienleben. »Drei Tage Hunger täten dem Kleinen ganz gut«, behauptete er, »das würde seine Sinne schärfen und ihn von seiner Aversion gegen bestimmte Gerichte, wie zum Beispiel Karottensalat oder Haferbrei, heilen.«

Nach dem dritten Tag war ich schon so ausgehungert, dass ich selbst das von mir gehasste Schwarzbrot mit drei Scheibchen Zwiebel darauf widerstandslos verschlang. Die ersten zwei Tage überstand ich nur, weil mir meine Kinderfrau, Tante Jeanna, heimlich ein paar Butterbrote schmierte.

Auch die Essenszeiten und vor allem der Inhalt der Mahlzeiten richteten sich nach der jeweiligen Rolle, die mein Vater am Abend zu spielen hatte. Manche Inhaltsstoffe, meinte er, sollten ihn aggressiv machen, andere ihn positiv stimmen, wieder andere Melancholie verursachen und so weiter. Außerdem wurden wir ständig davon in Kenntnis gesetzt, in welchem Stadium der Verarbeitung sich die aufgenommene Nahrung in seinem Körper gerade befand – von Anfang bis Ende. Alles im Namen der Schauspielkunst!

Einmal nahm mich Onkel David auf seinem täglichen Spaziergang mit. Er mochte mich und wollte mir etwas zeigen. Wir gingen, ich fragte, er antwortete, und irgendwann standen wir vor einem Laden mit heruntergezogenen Rollläden, irgendwo in La Croix-Rousse, einem der ältesten Viertel von Lyon. Mit einer kurzen und schnellen Handbewegung deutete er auf das Wellblech und murmelte: »Das war vor vielen Jahren meine *boucherie.*« Das war alles, mehr sagte er nicht. Dann saßen wir in seinem Stammlokal, er trank seinen Pastis, ich meine Cola, auf dem Platz unter den Kastanien spielten die Rentner Petanque. Ich versuchte mir vorzustellen, wie Onkel David nach Ladenschluss die Rollläden runterlässt, Schinkenkeulen und Würste beiseiteschiebt, sich die blutigen Hände an der Schürze mit dem eingestickten Namen Finzi (damals noch ohne t) abwischt und die Kasse aufspringen lässt, die mit einem hellen Klingeln ihre Tageseinnahmen präsentiert. Nach reiflicher Prüfung und mit hochgezogener Augenbraue muss er feststellen, dass Geld fehlt. Und das nicht zum ersten Mal! Ist es möglich, dass sein eigener Neffe und Kompagnon ihn betrügt? Wenn doch der Kalbskopf, der mit geschlossenen Augen neben der Kasse liegt, reden könnte …

»Nach drei Tagen stinken Fisch und Gäste«, sagt mein Vater, und wir verabschieden uns von Onkel David in Richtung Paris, wie wir behaupten. David will uns unbedingt zum Bahnhof begleiten, was wir höflich ablehnen, da wir heimlich zu Charles übersiedeln wollen. »Wir haben schon ein Taxi bestellt!« – »Womit wollt ihr das bezahlen?«, fragt David. Mein Vater fühlt sich ertappt. Die Bezahlung hat er bereits mit Charles geregelt. Aber bevor er eine überzeugende Ausrede finden kann, schaltet sich meine schnell denkende Mutter ein. Sie habe doch gerade noch hundert Franc in ihrem Kulturbeutel entdeckt, eine eiserne Reserve, die sie genau für solche Situationen zurückbehalten habe, und jetzt sollten wir uns beeilen, da der Wagen schon vor dem Eingang stehe, es sei nicht schön, wenn der Fahrer warten müsse, das koste dann noch mehr Geld und überhaupt, Männer, packt jetzt die Koffer und los! Von Onkel Davids einäugigem unergründlichem Blick lässt sich schwer ablesen, ob er uns die Geschichte abkauft. Am Ende bleibt er an derselben Stelle vor dem Haus zurück, an der er uns vor drei Tagen empfangen hat, und winkt unserem Taxi hinterher.

Kaum ist der Wagen um die Ecke gebogen, sagt mein Vater zum Fahrer: »Wir fahren nicht zum Hauptbahnhof!«, und legt ihm einen Zettel mit Charles Finzis Adresse vor. Wir grinsen. Der Erfolg des Betrugs hat uns drei zusammengeschweißt – vorläufig.

Diesmal halten wir vor einem modernen mehrstöckigen Wohnsilo aus Glas und Beton in den schwermütigen Farben der Achtzigerjahre, die uns in der nachmittäglichen Sonne des Midi seltsam einladend vorkommen. Wieder werden wir erwartet. Charles bezahlt den Fahrer und stürzt sich erst auf seinen Cousin, dann auf meine Mutter und mich. Es ist nicht die unter Franzosen übliche Begrüßung, bei der Männer wie Frauen, ein Kussgeräusch imitierend, die Wangen aneinanderhalten. Mit seiner festen Umarmung lässt mich Charles spüren: Wir sind Familie, egal was passiert ist und was auch passieren wird. Er ist ungefähr zwanzig Jahre älter als mein Vater, und ich bilde mir ein, dass er meinem Großvater Sami ähnlich sieht, den ich nur von alten Fotos kenne. Beide haben die großen dunklen Augen mit dem leicht nervösen, gütigen Ausdruck. Sieht so ein Betrüger aus? Hatte der Betrug überhaupt stattgefunden, oder waren vielmehr die ideologischen Grundsätze aufeinandergeprallt?

Alle meine Informationen über den Streitfall Fintzi vs. Finzi stammen aus dem Mund meines Vaters, der viel später und per Zufall noch einen anderen Betrugsfall in unserer Familie aufdecken sollte. Letzterer führte jedoch nicht zu einem Schisma, sondern ganz im Gegenteil zu einer Vereinigung: Es handelte sich um die Präambel, die der Eheschließung meiner Großeltern vorausging.

FÜNFHUNDERT JAHRE SPÄTER 17

1492 beschloss das katholische Königspaar Ferdinand II. von Aragón und Isabella von Kastilien die Vertreibung aller Juden aus Spanien. Laut dem Alhambra-Edikt vom 31. März 1492 mussten spätestens zum 31. Juli desselben Jahres alle nicht konvertierten Juden die Iberische Halbinsel verlassen haben. Vielleicht war es also kein Zufall, dass genau drei Tage später, am 3. August 1492, die »Santa Maria« in See stach, jenes Schiff, das unter dem Kommando eines gewissen Cristobál Colón stand – eines Seefahrers jüdischer Herkunft, der zum Christentum konvertieren und den Namen Kolumbus annehmen musste, um die Finanzierung seiner Entdeckungsreise nicht zu gefährden. Spekulationen besagen, dass die aus Spanien vertriebenen Juden in sein Unternehmen große Hoffnungen setzten. Würde er ein geeignetes Auswanderungsland für sie entdecken?

Der Großteil der sephardischen Juden siedelte sich im östlichen Mittelmeerraum an und verteilte sich über den Balkan. Andere gelangten nach Italien, wo sie nicht immer vorbehaltlos empfangen wurden. Das Osmanische Reich nahm die Flüchtlinge ohne Bedingungen auf. Der damalige osmanische Herrscher Bayezid II. soll gesagt haben: »Wie töricht sind die spanischen Könige, dass sie ihre besten Bürger ausweisen und ihren ärgsten Feinden überlassen.«

Um für ebendiese Torheit seiner Vorfahren Buße zu tun – und da das Alhambra-Edikt am 1. April 1992 unwiderruflich außer Kraft gesetzt worden war –, unternahm der spanische König Juan Carlos I. einen Staatsbesuch in die Länder, die fünfhundert Jahre zuvor die jüdischen Flüchtlinge aufgenommen hatten. Als eine Art Wiedergutmachung bot der König den Nachfahren der vertriebenen Juden symbolisch die Rückkehr nach Spanien und faktisch die spanische Staatsbürgerschaft an. Der Akt der offiziellen Entschuldigung seitens des Monarchen fand vor ausgewählten Vertretern der jüdischen Gemeinde statt, im Rosa Salon des Hotels Sheraton in Sofia – eines der hervorragendsten Beispiele stalinistischer Architektur, einen Steinwurf entfernt von der größten Moschee der Stadt, ebenso nah an der Synagoge wie an der zweitgrößten orthodoxen Kirche und erbaut auf den Ruinen eines römischen Tempels aus dem ersten Jahrhundert nach unserer Zeitrechnung. Juan Carlos I., der sich rühmte, elf Sprachen zu beherrschen, schüttelte jedem Gemeindemitglied die Hand. Als mein Vater an die Reihe kam, ließ er es sich nicht nehmen, den König auf Ladino, dem Idiom der sephardischen Juden, anzusprechen, was diesen sehr erfreute, da er selbstverständlich auch diese Sprache beherrschte. Er erkundigte sich, woher der Name Finzi stamme, worauf mein Vater verwundert fragte, ob es tatsächlich möglich sei, dass seine Majestät noch nie etwas von den *Gärten der Finzi-Contini* gehört habe – dem berühmten Roman von Giorgio Bassani, der das Schicksal der italienischen Juden unter der deutschen Besatzung behandelte und von Vittorio de Sica mit Dominique Sanda und Helmut Berger kongenial verfilmt worden war? Nein, leider kenne er weder das eine noch das andere, murmelte der König, während er seine Hand schon dem nächsten zu rehabilitierenden Juden entgegenstreckte. Aber so leicht wollte sich mein Vater nicht abfertigen lassen. Wann hat man schon die Gelegenheit, einen Monarchen vor aller Welt bloßzustellen. »Eh, Leute«, rief er in den Saal. »Stellt euch mal vor, der hat noch nie etwas von den *Gärten der Finzi-Contini* gehört!«

Das Angebot des Königs nahm mein Vater trotzdem an und beantragte die spanische Staatsbürgerschaft. Er musste viele Nachweise zusammentragen, darunter auch die Heiratsurkunde seiner Eltern. Er fand sie in den Archiven eines Bürgeramts. Zu seiner Überraschung war als Name der Braut eingetragen: Rosa Varsano. »Warum Rosa? Meine Mutter heißt doch Mathilda! Und ihr Geburtsjahr stimmt auch nicht, Mama war doch zwei Jahre älter als Papa. Rosa, so heißt doch die jüngere Schwester von Mathilda. Hat also mein Vater zuerst sie geheiratet?«, fragte sich mein Vater. »Bin ich etwa der Sohn meiner Tante? War ich deshalb ihr erklärter Liebling? Nein, das kann nicht sein, jeder in der Familie weiß, dass Rosa keine Kinder bekommen konnte, ihr Mann warf ihr das jahrelang vor. Aber halt, ich erinnere mich: Als ich Rosa das letzte Mal im Altersheim in São Paulo besuchte, vertraute sie mir an, dass es nicht an ihr, sondern an ihrem Mann gelegen habe. Sie konnte ihm seine ewigen Vorwürfe nicht verzeihen und hat ihn deshalb eines Tages verlassen. Warum aber hat sie mir fünftausend Dollar, all ihre Ersparnisse, hinterlassen? Warum mir und keinem anderen? Jetzt ist sie tot! Mama und Papa auch. Sie schweigen.«

Mein Vater glaubte, eine dunkle Seite der Familiengeschichte aufgeschlagen zu haben, und fing an, in alten Fotos zu wühlen. Vielleicht würde er dort eine Erklärung finden, einen verräterischen Blick, eine Körperhaltung? »Ah, hier ist es ja, das Hochzeitsfoto! Das ist doch Mathilda neben Sami. Und wie schlank Papa ist! Mama hat sich oft darüber mokiert, dass er sie hereingelegt hat, weil er bis zur Hochzeit ein Korsett trug, um einen heiratsfähigen Eindruck auf sie zu machen. Aber kaum war die Ehe geschlossen, ließ er seinem Körper freien Lauf. Ja, klar, Sami hatte sie hereingelegt. Aber Mathilda ihn auch, denn in Wahrheit war sie zwei Jahre älter als er. Rosa, ihre Schwester, zwei Jahre jünger. Was tut man nicht alles, um eine Ehe zu stiften – sogar die Papiere tauschen. Unter guten Schwestern macht man das so. Also bin ich doch Mathildas Sohn. Ach, arme Tante Rosa …«

CHARLES' WURSTFABRIK **18**

Seine Wohnung hatte Charles modern eingerichtet. Ich erinnere mich an den Ausblick von der überdachten Terrasse: Man sah auf das Schwimmbad, das zu der Wohnanlage gehörte, und die Nachbarn, die drin badeten oder sich auf der Wiese ausstreckten. Mit dem Fahrstuhl fuhr man direkt in die Tiefgarage, wo die zwei Autos von Charles warteten. »Das ist so bequem!«, sagte er. »Morgens, noch im Schlafanzug, bevor ich meinen Kaffee getrunken habe, fahre ich mit dem Fahrstuhl hinunter, steige in den Wagen und hole mir die *L'Humanité*.« Wie angenehm das Leben eines Kommunisten doch sein kann – vor allem unter kapitalistischen Produktionsverhältnissen.

Am Morgen nach unserer Ankunft machen wir mit Charles eine Tour durch die Stadt. Auch nach der Pensionierung führt er seine kleine Wurstfabrik weiter, und da ihm das Wohl seiner Angestellten wichtig ist, hält er sich strikt an die gewerkschaftlichen Vorschriften und erledigt die Samstagslieferungen höchstpersönlich. Da für uns vier im Fahrerhaus des Lieferwagens kein Platz ist, erfindet meine Mutter einen Vorwand. »Umso besser, ich sehne mich danach, ein paar Runden zu schwimmen und in der Sonne zu liegen«, glatt gelogen – sie kann doch überhaupt nicht schwimmen und hasst es, in der Sonne zu liegen. Aber sie errötet nicht einmal, und ihr durchdringender Blick bedeutet uns, den Mund zu halten.

Zuerst müssen wir die Würste abholen. Unterwegs hört Charles nicht auf, sich für die Sehenswürdigkeiten von Lyon zu begeistern. Er ist ein überaus freundlicher Fremdenführer, der natürlich nicht wissen darf, dass sein Onkel diese Aufgabe schon erledigt hat. Während er ununterbrochen redet, schauen wir verstohlen nach links und rechts, um eventuelle Zusammenstöße mit der Gegenpartei zu vermeiden. Charles nutzt die Gelegenheit, um uns die Wurstfabrik vorzuführen – sein Lebenswerk. Er erklärt uns die verschiedenen Produktionsphasen, von ganzen Tierhälften bis zur feinen Wurst. Die glänzenden Apparate stehen still, kein Tropfen Blut auf dem Boden, kein Hauch von Verwesung in der Luft. Mein Vater ist sichtlich beeindruckt. Zum Schluss zeigt uns Charles die Kantine, die er für seine Arbeiter errichtet hat. Er ist so stolz darauf, dass seine Augen einen feuchten Glanz bekommen. Wie menschlich ein Kapitalist sein kann!

Einige Jahre später, nach dem Schulabschluss, als ich pflichtgemäß meinen zweijährigen Dienst bei den Streitkräften der Volksrepublik Bulgarien absolvierte, erzählte einer der Kameraden aus meiner Einheit kurz vor dem Einschlafen in einem mit dreißig Mann belegten Schlafsaal folgende Geschichte: Wie im Sozialismus üblich, werden junge Menschen darauf vorbereitet, ihren Beitrag zum Aufbau des Kommunismus zu leisten. Die Verantwortlichen organisieren kollektive Besichtigungen von vorbildlichen Betrieben der Volkswirtschaft. Aus diesem Grund besucht eines Tages eine Armeeeinheit eine Fleischproduktionsstätte. Höhepunkt der Führung ist die Präsentation der modernsten Wurstherstellungsanlage des Landes. Der Betriebsleiter erklärt: »Genossen, wie ihr seht, ist diese Maschine eine große Errungenschaft der sozialistischen Ingenieurskunst! Der gesamte Prozess ist vollständig automatisiert, was den Arbeiter in der Produktion entlastet und ihm die Gelegenheit gibt, sich ganz seinen sozialistischen Ideen und Gedanken zu widmen. An einem Ende der Anlage wird das Rindvieh lebendig eingeführt, wir legen den Schalter um, das Fließband setzt sich in Bewegung, und nach weniger als fünf Minuten kommen die fertigen Würste am anderen Ende heraus. Irgendwelche Fragen?« – »Ich!«, ein Rekrut hebt die Hand. »Ich höre«, sagt der Betriebsleiter. »Wie wir aus dem Physikunterricht wissen«, beginnt der Rekrut, »fließt der elektrische Strom in eine bestimmte Richtung, vom Minuspol zum Pluspol. Wenn wir die Pole tauschen, fließt der Strom umgekehrt, was zur Folge hat, dass das Fließband auch in die entgegengesetzte Richtung läuft. Meine Frage also ist: Wenn wir am Ende der Anlage eine Wurst einführen würden, käme dann am Anfang derselben ein lebendiges Rindvieh heraus?« Der Betriebsleiter denkt kurz nach und antwortet: »Jaaa, mit Sicherheit, du

Klugscheißer! Nur müssen wir in dem Fall die Wurst in die Muschi deiner Mutter einführen.«

Heute ist unser letzter Tag, morgen werden wir Lyon verlassen. Kurz vor der Abreise packt mich Charles an der Hand und sagt leise: »Ich möchte dir etwas zeigen.« Jetzt werde ich bestimmt etwas über das Geheimnis meiner Familie erfahren. Charles führt mich in sein Schlafzimmer und zeigt auf ein Bild unter Glas, das an der Wand dem Bett gegenüber hängt. Die Sonne spiegelt sich darauf, ich kann nicht gleich erkennen, um was es sich handelt. Langsam entsteht ein Kopf, ich sehe die Umrisse eines dichten Schnurrbarts, dichte Augenbrauen, starken Haarwuchs. Ein Porträt. Schlichte Uniform, auf den Epauletten ein einziger großer Stern. Nein, das war mit Sicherheit kein Familienmitglied. »Kennst du den? Das ist ein großer Mann!«, sagt Charles. »Wirklich?«, frage ich, ein bisschen skeptisch. »Ja, ich kenne ihn: Josef Wissarionowitsch Dschughaschwili, genannt Stalin.« Mit ihm beginnt und endet für Charles jeder Tag.

KAPITALISMUS FÜR ANFÄNGER **19**

In Paris übernachteten wir bei Françoise. Papa und Françoise hatten sich in einem internationalen Sommerlager der Kommunistischen Jugend Bulgariens kennengelernt. Der Aufhänger ihrer Freundschaft war die Utopie von einer Welt, in der alle Menschen gleich sind. Mit der Zeit und trotz des fortschreitenden Verfalls dieser Utopie vertiefte sich ihre Freundschaft. Kurz nach Stalins Tod setzten bei meinem Vater die ersten Zweifel ein. Er war damals um die zwanzig und hatte in *Rabotnitschesko Delo* (zu Deutsch »Die Taten der Arbeiter«), dem wichtigsten Organ der Kommunistischen Partei Bulgariens, einen Bericht über einen Arbeiterhelden der Sowjetunion entdeckt. Darin wurde behauptet, dass dieser Mann sein tägliches Arbeitspensum um sechstausend Prozent steigern konnte, eine beispiellose Heldentat und glatte Lüge. Von da an begann mein Vater etwas von der Verlogenheit des real existierenden Sozialismus zu begreifen und rückte von seinen Jugendträumen ab. Den Briefkontakt mit Françoise aber erhielt er aufrecht. Sie war in der Zwischenzeit Mitglied der Kommunistischen Partei Frankreichs geworden, wo sie ihren Mann Remy kennengelernt hatte. Auch er war Kommunist, zudem Gewerkschaftsfunktionär in der Druckerei von *Le Figaro*, dem reaktionären Zentralorgan der Konservativen. Françoise und Remy lebten in einer Mietwohnung in Saint-Denis, einer kommunistisch regierten Vorstadt von Paris.

Ich war leicht enttäuscht, als wir die Wohnung betraten. In ihrer Spießigkeit entsprach sie so gar nicht dem Bild der Pariser Boheme, wie sie mir meine Eltern ausgemalt hatten, als sie von ihrem ersten Besuch bei Françoise und Remy zurückgekehrt waren. Ich war damals etwa sechs Jahre alt und musste als Pfand zu Hause in Sofia bleiben, um eine mögliche Flucht meiner Eltern in den Westen zu vereiteln. Die Reiseerlaubnis verdankten sie nicht zuletzt Françoise, die sich mittlerweile neben ihrer Tätigkeit in der Buchhaltung eines Krankenhauses ehrenamtlich für ihre Partei engagierte. Sie hatte meine Eltern eingeladen, was eine übliche Bedingung war, um überhaupt eine Reiseerlaubnis beantragen zu dürfen, und sie wollte sich nicht mit der abschlägigen Entscheidung der bulgarischen Behörden zufriedengeben. Daher verfasste sie einen wütenden Brief an die bulgarischen Genossen, den sie sogar von Georges Marchais, dem Generalsekretär der Kommunistischen Partei Frankreichs, unterschreiben ließ. Dieser Brief bewirkte das Wunder: Mama und Papa durften nach Paris. Und sie kehrten zurück.

Als sie ankamen, schlief ich bereits. Mama setzte sich auf mein Bett. Sie hatte einen Trenchcoat an und eine Ballonmütze auf dem Kopf. Papa lehnte am Türrahmen wie Steve

McQueen in *Getaway*, er trug eine Lederjacke mit Stehkragen und drunter einen gestreiften Pullover à la Picasso. Sie rochen anders. Fremd, aber gut. Dann holten sie mein Geschenk heraus: einen Cowboygürtel, mit einem Colt in der Halterung. Ich schnallte ihn um meine Pyjamahose und wusste nicht genau, ob ich wach war oder schlief.

Der langersehnte Scheck von Bobby Aharon aus New York war angekommen. Endlich Geld! Für meine Mutter war klar: Es musste in die Allgemeinbildung des Sohnes investiert werden. Für die zwei Wochen unseres Paris-Aufenthalts stellte sie ein straffes Programm zusammen, das die Besuche aller wichtigen und weniger wichtigen Museen, Galerien, Monumente und Plätze einschloss. Ich musste zugeben, dass es mir trotz der Verführungskraft der Waren in den Schaufenstern der Geschäfte – in die unser Geld, meiner Meinung nach, viel besser investiert gewesen wäre – doch ein gewisses Vergnügen bereitete, ab und an einem Kunstwerk im Original zu begegnen. Die Reproduktionen kannte ich schon aus Büchern, die mir meine Mutter im Laufe der Jahre unter die Nase gehalten hatte.

In der Hoffnung, dass nicht alle ihre Bemühungen vergeblich gewesen waren, verdeckte sie den Namen des Meisters und fragte: »Wer hat das gemalt?« – »Monet«, antwortete ich ohne Zögern. »Bravo, aber so schwierig war das nicht, oder?« Nein, war es nicht. Das Bild war das einzige in einem ovalen Saal und füllte alle seine Wände aus.

Françoise wiederum war der Meinung, dass ich unbedingt auch die Kehrseite des Lebens in der kapitalistischen Gesellschaft kennenlernen sollte. Mein Vater unterstützte sie, indem er mir klarmachte, welche immense Qual es für den Konsumenten bedeutete, sich unter achtunddreißig verschiedenen Waschmaschinen für die richtige zu entscheiden. »Bei uns«, sagte er, »gibt es nur zwei, die eine etwas teurer, die andere billiger. Überlege dir, wie viel Zeit du sparen kannst, um über die wichtigen Dinge des Lebens nachzudenken.« Er wollte mir ein Gefühl dafür vermitteln, dass das westliche Individuum, getrieben durch die Kräfte des Kapitalismus, die Fähigkeit verliert, zwischen Ding und Mensch zu unterscheiden. Und so, wie es Waschmaschinen kauft, so kauft es sich am Ende auch einen menschlichen Körper.

Das Thema war mir nicht neu. In Plovdiv lebte damals bei uns auf dem Dachboden eine alleinstehende Frau. Sie hieß Deniza. Mein Großvater hatte ihr unter all dem Gerümpel einen Platz eingerichtet, wo sie zwischen hängenden Bettlaken so etwas wie ein Heim gefunden hatte. Als Gegenleistung wischte sie das Treppenhaus oder kehrte den Hof. Sie war klein, mager und hatte einen Buckel. In ihrem Mund gab es nicht mehr als vier oder fünf Zähne, die Nase war lang und krumm, die Augen waren schwarz, und immer trug sie ein Tuch auf dem Kopf, das sie unter dem Kinn verknotete. Sie kleidete sich meistens schwarz und wickelte sich um die Taille eine Schürze, die vermutlich einmal blau gewesen war. Der Reisigbesen, den sie zum Kehren benutzte, vervollständigte das Bild einer Hexe. Ich war damals fünf oder sechs

Jahre alt, und es war mir unheimlich, wenn ich ihr im halbdunklen Treppenhaus begegnete. Gleichzeitig juckte es mich und meine fünf Jahre ältere Cousine, Deniza zu ärgern. Da sie ziemlich reizbar war, war das nicht weiter schwierig: Aus ihrem fast zahnlosen Mund kamen bedrohliche Laute, wahrscheinlich Flüche, die wir nicht verstanden, die uns aber faszinierten. Am meisten gefiel es uns, sie unter der Dusche zu erschrecken. Da das kleine Fenster des Badezimmers auf die Terrasse ging, stellten wir einen Schemel darunter, stiegen hinauf und hämmerten gegen die beschlagene Fensterscheibe. Sie schrie jedes Mal aus Leibeskräften, stürzte aus der Badestube und verfolgte uns durch Haus und Garten, auch beschwerte sie sich bei unserem Großvater. Doch wir machten einfach weiter. Bis zu dem Tag, an dem Deniza vergaß, vor dem Duschen das Badfenster zu schließen, und ich mich mit ihrer Nacktheit konfrontiert sah. Über einem Knochengestell hing die bleiche Haut herab. Ich glaube, ich habe mich mehr erschrocken als Deniza. Sie stürzte sich auf uns. Als sie die Verfolgung aufgab, rief ich ihr »Prostitutka!« zu (zu Deutsch »Prostituierte«). Sie erstarrte, warf mir einen langen Blick zu, drehte sich um und verschwand. Ich hatte das Wort irgendwo aufgeschnappt. Und mein kindlicher Kopf hatte seine eigene Interpretation geliefert: *Prost* bedeutet auf Bulgarisch »doof, dumm, bescheuert«, also musste *prostitutka* so etwas wie »dumme Kuh« sein, dachte ich.

Mein Onkel, der mit seiner Familie im selben Haus wohnte, kam zum Mittagessen nach Hause. Wie jeden Tag war der Tisch nur für ihn gedeckt, da die anderen schon fertig waren. Wie jeden Tag aß er allein, in stiller, aufrechter Haltung. Mit bedächtigen präzisen Bewegungen führte er Gabel und Messer. Er war Onkologe am städtischen Krankenhaus und brauchte die Ruhe, nachdem er den ganzen Vormittag Geschwüre unterschiedlicher Art aus Körpern entfernt hatte. Ich respektierte ihn sehr, fürchtete ihn sogar. Deshalb ahnte ich nichts Gutes, als er mich gerade an diesem Tag zu sich bestellte. »Was hast du heute zu Deniza gesagt?«, fragte er ruhig. Die dumme Kuh hatte gepetzt! Mein Hirn spielte im Zeitraffer die Szene durch. Er kam mir zuvor. »Du hast sie heute eine Prostituierte genannt! Weißt du, wie beleidigend das ist? Und weißt du überhaupt, was dieses Wort bedeutet?« Ich dachte, ich wüsste es, aber die bedrohliche Ruhe, mit der er die Frage stellte, verunsicherte mich. Ich wurde rot und schwieg. »Ich glaube nicht, dass du es weißt, sonst hättest du es nicht benutzt. Du bist doch ein guter Junge, nicht wahr?« Er fuhr fort. »Eine Prostituierte ist eine Frau, die ihren Körper für Brot verkauft«, erklärte er und wischte sich den Mund mit der Serviette ab. Ich versuchte mir vorzustellen, wie das wohl gehen sollte: Die Frau geht in die Bäckerei, der Bäcker holt das Brot, die Frau legt sich auf den Tresen, die Kasse klingelt, die Schublade springt auf … Aber der Bäcker kann sie doch nicht da reinstopfen! Was macht er mit ihr? Und wer bekommt dann das Brot? Kann man das auch mit anderen Menschen machen? Mein Großvater könnte mich zum Beispiel für zwanzig *Tulumbitschki* verkaufen. Und die isst er ganz allein! Steckt mich dann der Bäcker in den Ofen?

Die Rue Saint-Denis war bekannt als Strich für die jüngsten Mädchen von Paris. Der Renault bog in die Straße ein. Françoise und ihr Mann fuhren nur Autos dieser Marke, denn der Renault galt als Wagen der Arbeiterklasse. Es war früher Abend, und die Neonreklamen färbten bereits die Umgebung rot. »Peepshow« war die erste Aufschrift, die mir ins Auge fiel. Ich wusste nicht, was das bedeutete, fragte aber auch nicht nach. Françoise drosselte die Geschwindigkeit auf Schritttempo und sagte plötzlich: »Schau dir die Mädchen genau an, Samuel, wie jung sie sind! Und schon gezwungen, ihr Leben auf diese Weise zu verdienen!«

Tatsächlich hatte ich zuvor bereits Prostituierte gesehen. In den Filmen des New Hollywood, die manchmal in Sofia liefen – vermutlich nur, um die Schattenseite des amerikanischen Traums aufzuzeigen –, war ich schon welchen begegnet. Aber eben im Kino. Und jetzt standen da draußen, spärlich bekleidet und in echt, die schönsten Mädchen der Welt. Ich war mir sicher, sie wussten ganz genau, dass ich mir nichts mehr wünschte, als sie zu betrachten. Und sie dachten sich bestimmt, ich hätte mich nur deswegen in einem vorbeifahrenden Wagen versteckt, damit sie bloß nicht merkten, wie ich mich dafür schämte. Ich drehte schnell das Fenster hoch, sie sollten nicht sehen, wie meine Augen sie verschlangen. Ob die Mädchen ihre Brüste und Beine für Brot verkauften, war mir in diesem Moment völlig egal.

Langsam gingen die Tage in Paris zur Neige, schneller dagegen die fünfhundert Dollar von Onkel Bobby. Meine Mutter jagte mich weiter durch die Museen und Galerien. An Einkäufe war gar nicht zu denken. Es blieb mir nur die Hoffnung, dass Françoise und Remy meine Gedanken lesen und den einen oder anderen heimlichen Wunsch erfüllen würden. Überraschenderweise beschloss aber mein Vater, mir etwas zu schenken, und zwar das berühmte *Monopoly*. Das Gesellschaftsspiel hatte in Bulgarien bereits seine subversive Wirkung entfaltet und mich voll in seinen Bann gezogen. Leider besaß ich kein eigenes und war deshalb auf Freunde angewiesen. Umso größer wurde meine Sucht: Eigentum anhäufen, Straßenzüge kaufen, Häuser draufsetzen, dann verkaufen, noch mehr kaufen, immer reicher werden, alles verlieren, nochmals von vorn anfangen, um wieder reich zu werden und am Ende womöglich Bankrott zu machen ... Das Konzept des Spiels stand nicht unbedingt im Einklang mit den pädagogischen Prinzipien meines Vaters. Wie häufig bei ihm steckte hinter dem Geschenk ein paradoxer Gedanke: Indem er meine Sucht komplett bediente, hoffte er, mich von ihr zu befreien. Spielen bis zum Überdruss – das war die Idee. »Dieses Spiel«, meinte er, »entwickelt ein Besitzdenken, das in der Realität unweigerlich in den Abgrund führt. Besitz belastet und ist nicht das, wonach der Mensch in seinem Leben streben sollte.« Ich fragte mich, woher mein Vater das so genau wusste, da er nie etwas besessen hatte. Einmal hatte er sich von einem Bekannten Geld geliehen. Als er dem Gläubiger sein Geld zurückgeben wollte, behauptete dieser, da fehle noch was, die geliehene Summe sei doppelt so hoch gewesen. Mein Vater war überrascht. Der Gläubiger gab jedoch nicht auf und verlangte weiterhin das Doppelte. »Ah ja, genau, jetzt erinnere ich mich!«, sagte Papa plötzlich. »Es tut mir leid, zu viel Arbeit in letzter Zeit, ich wollte dich auf gar keinen Fall benachteiligen, geschweige denn über den Tisch ziehen. Aber ich glaube, du irrst dich, ich schulde dir sogar noch mehr. Hier, dein Geld!« Und er zahlte ihm das Dreifache der Summe aus. »Warum hast du das gemacht?«, wollte ich wissen. »Um ihn zu beschämen«, antwortete er.

Am letzten Abend fahren wir nach Montmartre. Papa mit der Geige unterm Arm. Von Touristen überfüllte steile Gassen, die Terrassen der Brasserien voll besetzt, die Maler vor ihren Staffeleien, Lichterketten, Gewirr von verschiedenen Sprachen, auch das Akkordeon fehlt nicht ... Montmartre eben. Selbst auf mich, der ich es zum ersten Mal erlebe, wirkt das Ganze wie eine alt gewordene Inszenierung. Papa verschwindet und taucht mit einem Schuhkarton wieder auf. Er nimmt den Deckel, hält ihn vor sein Gesicht, murmelt was, nimmt Maß von seinen Augen. Plötzlich ist da eine Schere. Er schneidet aus dem Deckel eine Form, etwas größer als sein Gesicht. Dann bohrt er zwei Löcher hinein und noch zwei kleinere für die Schnur, mit der er die Maske an seinem Kopf befestigt. Dann stellt er sich an die einzige frei gebliebene Ecke, öffnet den Geigenkasten, nimmt die Geige zur Hand und fängt an, sie zu stimmen. Es ist eine unheimliche Erscheinung, diese gesichtslose Gestalt, die solche schrägen Töne aus ihrem Instrument herauskratzt. Es ist mir peinlich. Mama nimmt mich an die Hand, und wir setzen uns auf das Trottoir gegenüber. Papa fängt an: »Csárdás« von Monti, die

Nummer beherrscht er virtuos. Es dauert keine zwei Minuten, schon landen die ersten Münzen im Geigenkasten, der vor seinen Füßen offen auf der Straße liegt. Zum Glück hat keiner bemerkt, dass ich sein Sohn bin, und ich fange an, mich zu entspannen. Langsam gefällt er mir, dieser Mensch mit dem Pappdeckel vorm Gesicht, mit den schlaksigen Bewegungen einer Marionette. Körper, Maske und Geige sind eins. Es folgen weitere Stücke. Die Passanten bleiben stehen, hören zu, applaudieren, werfen Geld in den Kasten. Plötzlich löst sich ein angetrunkener Mann aus der Menge, stürzt auf meinen Vater zu und reißt ihm die Maske runter. »*Who are you?*«, schreit der Mann, »Jascha Heifetz?« Papa schrickt zusammen und schaut unruhig um sich. Er hat große Angst, niemals wieder ausreisen zu dürfen, falls man seine Identität feststellt. Wer weiß, vielleicht sperrt man ihn sogar ein? Was wäre, wenn ein Mitarbeiter der bulgarischen Botschaft in Paris ausgerechnet jetzt seinen Aperitif in der Brasserie gegenüber zu sich nähme? Papa sieht ihn schon Notizen machen für einen Bericht an die Zentrale in Sofia: »Der verdiente Künstler und Genosse Finzi bettelt in den Straßen von Paris, der Hauptstadt der Dekadenz und der moralischen Zersetzung, und kompromittiert die Würde des sozialistischen Künstlers. Bettler gibt es bei uns nicht! Armut und Ungerechtigkeit sind nur Missstände des Kapitalismus.« Papa überwindet sich – es war doch nur ein besoffener Amerikaner –, setzt die Maske wieder auf und spielt weiter.

Nach zwei Stunden hat er so viel Geld verdient, dass er mir nicht nur ein *Monopoly*-Spiel kaufen, sondern uns alle

– Mama, Françoise, Remy und mich – in eine kleine bretonische Crêperie einladen kann. »Es gibt keinen exakteren Beleg zu erfahren, ob dem Publikum gefällt, was du tust, als die reale Menge an Münzen und Scheinen, die du unmittelbar nach dem Spiel einsammelst«, pflegt er zu sagen.

Als mein Vater es mit Beginn der Perestroika ein paar Jahre später wagte, auf der Straße in Sofia Geige zu spielen, hatte das die Dimension einer politischen Demonstration. Für die Sicherheitsbehörden eine völlig neue und verwirrende Erscheinung. Zuerst ließen sie sie zu, aber da die wöchentlichen Auftritte schnell bekannt wurden und das Publikum immer zahlreicher erschien, schickten sie die Miliz. Musik, auf den ersten Blick harmlos, wirkte plötzlich subversiv. Die Menschen kamen, um einen Hauch von Freiheit zu spüren. Und sie zeigten es, indem sie Geld in den Geigenkasten warfen. Papa spielte, aber nicht mehr hinter einer Maske versteckt.

20 HEIMKEHR UND BRUCHLANDUNG

Über Westdeutschland, die ČSSR, Ungarn und Jugoslawien reisten wir nach Bulgarien zurück. Mit jedem Kilometer, den ich mich vom Westen entfernte, verschlechterte sich meine Laune. Ich fühlte mich wie ein Gefangener, dessen Freigang zu Ende geht und der zurück in seine Zelle muss. Ich freute mich über den kurzen Aufschub, der mir durch den zweitägigen Aufenthalt bei der Familie einer ehemaligen Kommilitonin meiner Mutter in der Nähe von Stuttgart gewährt wurde. In der schwäbischen Idylle stimmte einfach alles: vor jedem Einfamilienhaus ein Mercedes-Benz, das Gras grün, saftig, perfekt geschnitten, die Straßen sauber und leer.

Mamas Freundin war auch aus Plovdiv und sogar mit uns verwandt. Sie war die Schwester jenes Onkels mütterlicherseits, der versucht hatte, mir zu erklären, was eine Prostituierte ist. Gemeinsam mit Mama hatte die Freundin am Konservatorium in Sofia Klavier studiert und war das Objekt der Begierde vieler Studenten gewesen, bevor sie einen plötzlich auftauchenden Schwaben heiratete und ihm nach Deutschland folgte, so erzählte es Mama. Der Schwabe war auch ein Musiker, Kontrabassist im Stuttgarter Staatsopernorchester. Sie hatten einen Sohn, genauso alt wie ich, und eine zehnjährige Tochter. Beide Kinder konnten kein Bulgarisch, ich kein Deutsch, wir versuchten uns auf Englisch zu verständigen, was aber nur zu der Erkenntnis führte, dass wir kaum gemeinsame Interessen hatten. Sie kannten die Filme nicht, die ich liebte, und ich nicht ihre Lieblingsserien. Wir mochten uns trotzdem. Obwohl es Mitte August war, regnete es ständig, und mein Magen zog sich zusammen bei dem Gedanken, dass wir sehr bald den Westen für immer verlassen würden. Ja, für immer: Es war nicht sehr wahrscheinlich, dass eine solche Ausnahme – die Reisebewilligung für eine ganze Familie – noch ein weiteres Mal vorkommen würde.

Gerade hatte ich angefangen, anders zu atmen, und schon wurde mir die Luft abgeschnürt. Wie lange würde ich warten müssen auf den nächsten Atemzug? Würde er überhaupt kommen? Was mich zu Hause erwartete, wusste ich ganz genau: ein schäbiges Rot auf Fahnen, Plakaten und Halstüchern, dazu die ewigen Porträts der Mitglieder des Politbüros an den Wänden und das Gefühl des Unabänderlichen.

Der Zug überquerte die Grenze zur ČSSR, und sofort wurde alles grau, hässlich und monoton. Ich redete kaum mehr. Alle Versuche meiner Eltern, mich auf den bevorstehenden Besuch von Prag einzustimmen, liefen ins Leere. Was mir den Rest gab, war der Umstand, dass wir nicht mal im Zentrum übernachteten, sondern in einem heruntergekommenen Vorort, in der Wohnung der Ex-Frau eines Freundes meines Vaters. Sie hatte sich gerade frisch von ihm getrennt und war offensichtlich nicht erpicht darauf, Freunde ihres Verflossenen zu bewirten. In dieser letzten Nacht vor der endgültigen Heimkehr fasste ich den Entschluss: Egal wie, aber ich würde das Land, in das ich hineingeboren worden war, verlassen. Sobald ich auf eigenen Füßen stehen konnte, würde ich woanders leben – irgendwo, wo es nicht so grau, hässlich und monoton war.

Die einzige Erinnerung an den Tag in Prag ist ein Kinobesuch. Es lief *Kramerová versus Kramer* (*Kramer gegen Kramer*). Man erklärte mir, dass in der tschechischen Sprache alle Frauennamen eine »ová«-Endung haben, und dass es ganz normal sei, dass die Frau »Kramerová« und der Mann »Kramer« heißt. Für diese Entstellung des Namens hatte ich aber nur Verachtung übrig, weil sie mich an die tschechische Fernsehserie erinnerte, die ununterbrochen auf dem einzigen Kanal des bulgarischen Fernsehens gezeigt wurde. Trotz des dramatischen Kampfes um das Sorgerecht für ein Scheidungskind, wovon der Film mit Meryl Streep(ová) und Dustin Hoffman handelt, war ich dankbar dafür, dass ich doch noch für zwei Stunden der Gegenwart entfliehen und in das bunte Gewühl von New York eintauchen konnte.

In Sofia angekommen, wollte ich sofort meine Freunde treffen. Es gab viel zu erzählen, ich wollte ihnen ein Stück von der Leichtigkeit weitergeben, die ich trotz der deprimierenden Rückreise immer noch in mir spürte. Wir verabredeten uns auf der Adlerbrücke, einem der größten Verkehrsknotenpunkte der Stadt. Die vier Kilometer von zu Hause dorthin bin ich fast geflogen – ich hatte die Adidas-Turnschuhe an den Füßen, ein Geschenk von Françoise.

An der Adlerbrücke war ich der Erste. Ich setzte mich im Schneidersitz auf das Trottoir. Meine Freunde trudelten langsam ein und wollten wissen, was ich da unten mache. »Das machen wir so, im Westen. Da kann man sich hinsetzen, wo man will. Kommt, setzt euch zu mir!« Plötzlich tauchten zwei Milizionäre auf. »Steht sofort auf! Gibt es keine Bank für euch? Wir haben welche bei uns auf der Wache! Wollt ihr sie ausprobieren?« Das war's. Bruchlandung.

21 ΚΑΛ'ΌΣ Κ'ΆΓΑΘ'ΌΣ – SCHÖN UND GUT

Im September 1980 betrete ich wieder eine neue Schule. Wie schon drei Jahre zuvor hatte meine Mutter die Sache in die Hand genommen. Ihr dämmerte langsam, dass die Entwicklung ihres Sohnes ins Stocken geraten war. Das lag einerseits ganz klar an seinem Entwicklungsstadium, andererseits waren die pädagogischen Experimente, denen er in den vergangenen Jahren ausgeliefert gewesen war, durchaus nicht so erfolgreich gewesen, wie es sich die Mutter erhofft hatte. Der Verzicht auf Benotungen wirkte keineswegs stimulierend auf seine Wissbegierde. Im Gegenteil: Sie sah ihren pubertierenden Sohn schon ins süße Leben abrutschen – oder wie sie es nannte: ins *dolce vita nomenklatura*. Über seine wackeligen schulischen Leistungen hätte sie eventuell noch hinwegschauen können, aber nicht über die Staatslimousine, die ihn immer öfter erst spätabends, nach der Geburtstagsfeier von irgendeinem Bonzenkind, nach Hause brachte. Nein, das ging nicht! Schluss damit! Sie schickte mich auf das Nationale Gymnasium für antike Sprachen und Kulturen.

Mit dem Ende der siebten Klasse verabschiedete ich mich also von meinen Freunden und stieg zum letzten Mal in den Schulbus, der mich an derselben Stelle absetzte, von der er mich drei Jahre lang abgeholt hatte. Mama stand da und war dabei, ihre Zigarette auszutreten. Ich war etwas melancholisch, aber auch neugierig: Was verbarg sich hinter der imposanten Bezeichnung »Nationales Gymnasium für antike Sprachen und Kulturen«? »Du wirst dort, warum auch nicht, endlich etwas lernen – Latein, Altgriechisch, Altbulgarisch, Sanskrit und ein paar andere Sachen«, sagte Mama, während wir nach Hause liefen und sie sich eine neue Zigarette anzündete. »Ja, vielleicht«, murmelte ich und latschte neben ihr her. »Hoffentlich finden sich dort ein paar neue Freunde und nicht nur Streber«, dachte ich. Dass daraus Freundschaften entstehen würden, die mich ein Leben lang begleiten sollten, konnte ich zu diesem Zeitpunkt nicht ahnen.

Zu Mamas Erleichterung und meiner eigenen Verwunderung bestand ich die Aufnahmeprüfungen ziemlich reibungslos. Um den großen Andrang vor Schulbeginn zu vermeiden, gingen wir sofort ins Central Universal, das größte und einzige Kaufhaus Sofias, und kauften eine Schuluniform: Sie war Pflicht für alle Schüler ab der achten Klasse aufwärts. Hose und Jacke aus einem blauen Tuch, das wegen seines hohen künstlichen Anteils ziemlich unangenehm zu tragen war. Dieses Blau war so einzigartig, dass ich es bis heute nirgendwo wiedergetroffen habe. Es bleibt mir ein Rätsel, wie man aus den unzähligen Nuancen meiner Lieblingsfarbe gerade die beschissenste herausholen konnte. Sie war weder hell noch dunkel und ähnelte am ehesten dem Blau der Volksmiliz. Es kam mir vor, als hätte man diesen Farbton extra gewählt, um uns die Monotonie des Schulalltags so richtig vor Augen zu führen. Ganz sicher steckte dahinter auch die Absicht, jeden noch so winzigen Impuls von individueller Selbstdarstellung zu verhindern. Dazu war der Zweiteiler so formlos geschnitten wie der Anzug eines Parteifunktionärs. Mein einziger Trost war, dass alle Jungs darin gleich schlecht aussahen. Auch die Mädchen waren nicht besser dran – sie wurden in lange dunkelblaue Kittel gesteckt, hatten allerdings den Vorteil, dass sie diesen nach Schulschluss nur abzustreifen brauchten, um wieder wie normale Menschen auszusehen. Wer es aber wagte, einen Teil der Uniform durch ein Stück privater Kleidung zu ersetzen, riskierte eine Strafe. Trotzdem taten wir es immer wieder und ließen uns verschiedene Möglichkeiten einfallen, die verhasste Uniform zu entstellen – bemalten den Rücken der Jacke, rissen Futter und Taschen ab, brachten einen Aufnäher unserer Lieblingsband an. »Als Schüler des Nationalen Gymnasiums für antike Sprachen und Kulturen sollten wir besser Toga und Tunika statt Anzüge und Kittel tragen«, schlug ich auf einer Schulversammlung vor. Die Idee gefiel meinen Mitschülern, den Lehrern weniger.

Sobald ich wieder zu Hause war, flog der Anzug in die Ecke, mit der ganzen Wucht einer angestauten Verachtung gegenüber der Schule, den Lehrern, dem System, überhaupt allem, was einem in diesem Lebensalter zu schaffen macht.

Die Straßenbahn, die mich von nun an fünf Jahre lang in

die Schule brachte, holte mich am Platz der Wiedergeburt ab, direkt vor der Haustür, und brauchte um die dreißig Minuten. Sie schlängelte sich am Frauenmarkt, der Synagoge und dem Zentralbad vorbei, fuhr hinter dem Haus der Partei an der Oper vorüber, um das Denkmal von Vasil Levski herum (das an derselben Stelle steht, wo er gehängt wurde), vorbei an der Universität und über die Adlerbrücke. An der nächsten Haltestelle stieg ich aus. Auf dem kurzen Fußweg zur Schule machte ich üblicherweise einen kleinen Abstecher zum Raucherkomitee, das in einem Hinterhof tagte und wo man vor der ersten Unterrichtsstunde eine schnelle Zigarette rauchen konnte. Der kleine Garten mit Bänken, versteckt zwischen Wohnblocks, sollte später zum wichtigsten Treffpunkt des progressiveren Teils der Schülerschaft werden. Dort wurde nicht nur geraucht, sondern auch Karten gespielt, Spickzettel vorbereitet, Streiks diskutiert und beschlossen, getrunken, geküsst, gestritten und gefeiert. Geschlecht und Jahrgang spielten keine Rolle. Da ich der einzige Nichtraucher war, wurde ich zum Vorsitzenden des Raucherkomitees ernannt.

Das Gymnasium war benannt nach dem Philosophen Konstantin Kyrill, der zusammen mit seinem Bruder Methodios das kyrillische Alphabet erfunden hatte. Bis die Kommunisten an die Macht kamen, wurden die Brüder in Bulgarien als Heilige verehrt. 1945 wurden ihnen die Heiligenscheine abgenommen und fünfundvierzig Jahre später, mit der nächsten Wende, wieder aufgesetzt.

Kyrill und Methodios werden stets in einem Atemzug genannt und auf Bildern, Ikonen und in Denkmälern immer gemeinsam dargestellt. »Die beiden Brüder aus Thessaloniki«, wie sie in der Hymne der bulgarischen Kultur besungen werden, lebten im Byzanz des neunten Jahrhunderts. Sie hatten die Mission, den Slawen das Christentum näherzubringen, was ihnen mit der Erfindung des ersten slawischen Alphabets auch ziemlich gut gelang. Während aber Methodios mit der Zeit immer mehr im Mönchtum versank, widmete sich Kyrill dem öffentlichen Leben, lernte jede Menge Fremdsprachen, unterrichtete Philosophie in Konstantinopel, machte Karriere in Rom, starb dort und wurde tausend Jahre später von Papst Johannes Paul II. zum Patron Europas ernannt. Wahrscheinlich zog man ihn gerade wegen seiner Weltoffenheit und polyglotten Bildung bei der Namensgebung des Gymnasiums seinem introvertierten Bruder vor.

Betrat man allerdings das im nüchternen Stil der Fünfzigerjahre erbaute Schulgebäude, war von Weltoffenheit und europäischem Geist nichts mehr zu spüren. Gleich rechts am Haupteingang hing eine Tafel: Grundschule Nr. 12, Wladimir Iljitsch Lenin. Darunter prangte ein Relief, das einen kahlköpfigen Mittdreißiger mit Ziegenbart darstellte. Kein Vergleich mit der Haarpracht und den langen Bärten von Kyrill und Methodios, wie ich sie von ihrem Denkmal vor der Nationalbibliothek kannte.

Das Gymnasium war erst vier Jahre zuvor gegründet worden und besaß noch kein eigenes Gebäude. Stattdessen waren wir gezwungen, uns mit der Grundschule die Räumlichkeiten zu teilen. Sobald die Kleinen die Klassenzimmer verließen, besetzten wir die Schule. Die Gymnasiasten im ganzen Land hatten im ersten Halbjahr morgens und im zweiten nachmittags Unterricht, wir, als einzige Ausnahme, genau umgekehrt. Ein Zustand, der sich bis zum Abitur nicht änderte.

Auf seltsame Weise trafen also unter einem Schuldach zwei Weltbilder aufeinander, die gegensätzlicher nicht hätten sein können. Ein Gymnasium, das den Namen eines christlichen Gelehrten trug, wurde angesiedelt an einem Ort, der nach einem überzeugten Atheisten, Revolutionär und Diktator benannt war, der wiederum den Grundstein für die Zerstörung der Kirchen legte und für die Entstehung des Personenkults verantwortlich war. Die Mumie des Diktators ist heute noch immer, lange nach seinem durch Syphilis verursachten Tod, ein Objekt göttlicher Verehrung.

Auf halbem Weg zur ersten Etage traf man schon wieder auf ihn. Diesmal auf einem Gemälde aus dem Jahr 1951, das eine dramatische Familienszene festhielt: die vielfache Vergrößerung eines Meisterwerks des sozialistischen Realismus. Man sieht einen jungen Mann mit vollem blondem Haar, der stramm neben seiner Mutter steht, empört und zugleich entschlossen in eine Zukunft blickend, die scheinbar klar vor ihm liegt. Seine Linke umarmt tröstend die Mutter, seine Rechte stützt sich mit geballter Faust auf dem Tisch ab. Dort liegt ein Papier, das offensichtlich bei der Mutter etwas auslöst, was sie entsetzt und sogar zum Weinen bringt. Das kann man nicht nur an dem weißen Taschentuch erkennen, das sie an ihren Mund presst, sondern auch an ihrer Haltung, die Gebrochenheit ausdrückt. In dieser Familie muss etwas Schlimmes passiert sein!

Selbstverständlich wissen wir seit unserem allerersten Schultag, was da vor sich geht: Der junge Blonde ist Wladimir Iljitsch Uljanow, der zu dieser Zeit noch nicht Lenin heißt, die Frau ist seine Mutter, Marija Alexandrowna Uljanowa. Das Papier auf dem Tisch enthält die Nachricht, dass Wladimirs Bruder Alexander nach einem missglückten Attentat auf den Zaren gehängt worden ist. Aber der junge Wladimir hat schon die richtige Lösung, was wiederum aus dem Titel des Bildes hervorgeht: »Wir schlagen einen anderen Weg ein«.

Als ich eines Morgens die Treppe zu meinem Klassenzimmer in der ersten Etage hinaufsteigen wollte, versperrte mir ein Pulk von Schülern den Weg. Sie drängten sich vor dem berühmten Bild, zeigten auf etwas, was ich hinter ihren zusammengesteckten Köpfen nicht erkennen konnte, und kicherten. Ich bahnte mir meinen Weg und konnte entdecken, dass die dramatische Familienszene um ein neues Detail bereichert worden war. Auf dem Papier, das auf dem Tisch vor Frau Uljanowa lag, stand eine dicke Fünf. – »Schon wieder eine Fünf« war der Titel eines anderen Bildes, das zur sozialistischen Allgemeinbildung gehörte. Darauf sah man einen kleinen Jungen, der mal wieder eine schlechte Note nach Hause gebracht hat, worüber Mutter und Geschwister ziemlich enttäuscht sind. Nur sein Hund begrüßt ihn schwanzwedelnd.

Die Tragödie wurde zur Farce. Lenin, der Wegweiser in

unsere kommunistische Zukunft, wurde degradiert zum Versager, der in der Schule abkackt.

Zum Glück konnte ich bald feststellen, dass an diesem Gymnasium, bis auf die einheitliche Schuluniform und die obligatorische Mitgliedschaft im Kommunistischen Jugendbund Komsomol, alles anders war. Für den Jugendbund hatten wir sowieso nur noch Hohn übrig, nachdem der Kassenwart, ein Schüler meines Jahrgangs, die Kasse mit unseren Mitgliedsbeiträgen mitgehen ließ, erwischt wurde und blitzartig von der Schule flog. Der Typ war uns schon vorher suspekt, niemand wusste, warum man ausgerechnet ihn zum Kassenwart gemacht hatte. Wenn er in unsere Nähe trat, verstummten die Gespräche. Sein schmieriges Lächeln und die Fischaugen entsprachen ganz unserer Vorstellung von einem Denunzianten.

Wir sollten recht behalten. Jahre später, beim Wiederaufbau des Kapitalismus in Bulgarien, tauchte unser Mitschüler wieder auf: Trotz seiner Enttarnung als ehemaliger Stasimitarbeiter hatte er es geschafft, eine Finanzpyramide zu gründen. Die Denunziation sowie den Umgang mit fremdem Geld hatte er schon in der Schule geübt, unsere Mitgliedsbeiträge hatten wir nie wiedergesehen. Genau wie die Leute ihr Geld, das sie in seine Pyramide investiert hatten. Diesmal kam er für den Betrug immerhin ins Gefängnis.

Die meisten unserer Lehrer waren keine richtigen Lehrer, sondern Dozenten und Professoren, die an der Universität von Sofia lehrten. Sie kamen, um uns in Latein, Altgriechisch,

Altbulgarisch, Sanskrit oder Welt- und Kulturgeschichte zu unterrichten. Dabei vermieden sie den üblichen hierarchischen Umgang zwischen Lehrern und Schülern und behandelten uns wie Erwachsene. Manche besuchten sogar das Raucherkomitee.

Καλὸς κἀγαθός (kalós kagathós, »schön und gut«) – diesen Begriff hörte ich zum ersten Mal aus dem Mund des Lehrers für antike Kultur und Mythologie. Der ziemlich kleine, schmächtige Mann, kurz »Oggi« genannt, bemühte sich, uns das antike Ideal, die Verbindung zwischen körperlicher Schönheit und geistigen Vorzügen, nahezubringen. Unter seiner Schlaghose versteckt trug er Schuhe mit hohem Absatz, die ihn größer erscheinen lassen sollten. Das Haar klebte an der Stirn, die beiden Bildschirme, die er als Brille auf der Nase trug, waren unverhältnismäßig groß für sein schmales Gesicht, dafür erlaubten sie ihm, alles zu registrieren, was während seines Unterrichts in der Klasse passierte. Er saß nie still, sondern lief zwischen den Bänken hin und her, hielt seine Vorträge, und sobald die Aufmerksamkeit bei jemandem nachließ, hüpfte er, ohne seinen Redefluss zu unterbrechen, wie eine Heuschrecke auf ihn zu und haute ihm mit einem zusammengerollten Heft hinter die Ohren. »Schön und gut?«, rief er mit seiner hohen Stimme und wiederholte auf Altgriechisch: »*Καλὸς κἀγαθός!* Das werdet ihr nie werden! Ihr Idioten, ihr werdet diese Welt als *idiotai* verlassen! Dieses Wort verwende ich natürlich nicht in seiner üblichen Bedeutung, sondern in seinem ursprünglichen altgriechischen Sinn: *Ιδιώτης* oder *idiotai* waren Menschen, die sich während der attischen Demokratie aus den öffentlichen Angelegenheiten heraushielten – im Gegensatz zu den aktiven Bürgern, den *politai*. Oder wenn ihr wollt, kann ich auch die spätere lateinische Bedeutung auf euch anwenden. Die würde nämlich auch ganz gut passen: Stümper und Pfuscher!«

Wir fürchteten Oggi und mochten ihn trotzdem – wegen seiner Fähigkeit, Geschichten und Mythen zu erzählen, den Ursprung ihrer Entstehung zu erklären und Analogien zur Gegenwart zu schaffen. Er wollte aus den »Idioten«, die wir tatsächlich waren, gebildete, selbstständig denkende Mitglieder der Polis machen. »Ihr wisst, der Einzige, der von mir eine Eins kriegen könnte, ist der Göttervater Zeus. Apollo, Dionysos und mir selbst gebe ich eine Zwei. Ihr kommt erst weit danach!«

22 EROS UND THANATOS

Mit dem Beginn der Sommerferien schickte man üblicherweise die Gymnasiasten von der neunten Klasse aufwärts zu Sommerbrigaden. Dort wurden sie ihres ersten Ferienmonats beraubt und gezwungen, in der sozialistischen Agrarwirtschaft auszuhelfen. Doch will man in der Sommerhitze auf dem Acker schwitzen, im Akkord Kisten und Lastwagen mit Obst und Gemüse füllen oder den Schweinestall ausmisten? Da will man doch am Meer sein, am Strand liegen und abends die Sau rauslassen …

Als Schüler des Nationalen Gymnasiums für antike Sprachen und Kulturen hatten wir Glück. Wir mussten nicht aufs Feld, sondern durften Archäologie betreiben. Und wir liebten es. Sobald wir unsere Zeugnisse bekamen, wurden wir unabhängig vom Jahrgang aufgeteilt und zu verschiedenen Ausgrabungsstätten entsandt. Für die Archäologen, die dort schon seit Jahren forschten, waren wir nicht nur zusätzliche Arbeitskräfte. Wir brachten Abwechslung in ihren vom Staub des Vergangenen bedeckten Alltag.

Eine der Ausgrabungsstätten lag in der Nähe von Baltschik, einer kleinen Stadt im Norden und ehemaligen Residenz von Zar Boris III., direkt am Meer. Dort wurden wir in der örtlichen Schule einquartiert, deren Klassenzimmer in große Schlafräume umfunktioniert wurden. Aus den Fenstern konnten wir das Meer sehen. Unter den Riesenplatanen im Hof fanden wir Schutz vor der brennenden Sonne und feierten bis spät in die Nacht. Die zwei oder drei Lehrer, die unsere Schule mitgeschickt hatte, waren oft dabei.

Morgens um sechs läutete die Glocke. Nach dem Frühstück kam der Bus, der uns zu den Ausgrabungen brachte. Gearbeitet wurde bis kurz nach der Mittagspause. Danach verwandelte uns die sengende Sonne in gigantische unbewegliche Eidechsen, deren Herzschlag sich auf höchstens zehn Schläge pro Minute reduzierte. Manche streckten sich in ihren Schubkarren wie in einem Liegestuhl aus – die Griffe am Boden, das Rad in der Luft. Andere legten sich neben den frisch ausgegrabenen Knochen und Keramikstücken direkt auf die Erde. Wir waren zu nichts mehr zu gebrauchen.

Sechs Stunden täglich wühlten wir in der Erde und suchten nach Beweisen, dass gerade an dieser Stelle vor tausend Jahren schon Menschen gelebt hatten. Dass es sich dabei um eine Totenstätte aus dem zwölften Jahrhundert handelte und wir uns als Grabschänder betätigten, störte uns nicht.

Die ganze Nekropolis war ein Hügel, deren Fläche in Quadrate aufgeteilt war, ein Riesenschachbrett, jedes Quadrat fünf mal fünf Meter groß, dazwischen Pfade, über die man laufen und die volle Schubkarre zur Holzrampe schieben konnte, um sie dort am unteren Rand des Hügels auszuleeren. Jedem Quadrat wurde eine Dreiergruppe zugeteilt, meistens ein Junge und zwei Mädchen, da Letztere in der Überzahl waren. Jede Gruppe bekam eine Hacke, zwei Spaten, Spachtel, Pinsel und eine Schubkarre. Wir mussten vorsichtig die Erde in zehn bis fünfzehn Zentimeter dicken Schichten abtragen, um die eventuell sich darunter befindenden Gegenstände oder Knochen nicht zu beschädigen. (Ich war etwas ungeduldig mit der Hacke, und meine beiden Mitgräberinnen kreischten jedes Mal, wenn wieder ein mächtiges »Krack« ertönte – der spezifische Laut beim Zerbrechen des Schädels.)

Danach ging es an die Feinarbeit: langsam mit der Spachtel die Konturen des Skeletts finden, freilegen, mit dem Pinsel vom Staub befreien, Zentimeter nach Zentimeter überprüfen, ob sich nicht noch andere Gegenstände um den Toten befanden – vielleicht ja sogar Goldmünzen, Schmuck und Waffen! Wenn ja, auf keinen Fall herausholen, sondern nur gut sichtbar machen. Dann den Chefarchäologen rufen, das Ganze auf einem Blatt nachzeichnen. Zuletzt alles sammeln, wegbringen und weitergraben …

Nach einer Woche intensiver Arbeit in der Hitze, ständiger Beschäftigung mit dem Tod, wenig Schlaf und nicht zuletzt unter dem Einfluss von Alkohol entstand die Idee, ein Opfer zu bringen, um die Geister der Menschen, deren Grabesruhe wir täglich störten, wieder zu besänftigen. Es meldeten sich sofort Freiwillige, die bereit waren, das Opfertier zu organisieren und die kultische Handlung durchzuführen.

Eine einsame Gans hatte sich offenbar verlaufen und auf dem Schulgelände hinter den Schlafräumen eingerichtet. Wir kannten uns aus mit den heiligen Gänsen vom Kapitol und wussten, wie sie Rom gerettet hatten. Genau, dachten wir, was wäre besser als Opfertier geeignet ... Vassil, ein dünner Junge mit blauen Augen und sardonischem Grinsen, Sohn eines angesehenen Historikers und Professors an der Sofioter Universität, wollte das blutige Ritual unbedingt eigenhändig erledigen. Wir sollten nur die Gans einfangen. Als ob sie ahnte, was ihr drohte, rannte die Gans hysterisch kreischend und fauchend im ganzen Schulhof herum und rettete sich durch ein Loch im Zaun. Vassil, der sich von irgendwoher eine Axt besorgt hatte, wurde wütend, als er sah, dass wir das Opfertier verloren hatten. Dann würde er sich eben allein drum kümmern. Wir lachten noch über die missglückte Verfolgung, als Vassil schon wieder auftauchte – statt der Gans ein gackerndes Huhn in der linken und die Axt in der rechten Hand. Alles ging sehr schnell. Er legte das Huhn auf die Erde und schlug zu. Kaltblütig und präzise. Dann richtete er sich auf, ein breites Grinsen im Gesicht, das kopflose Huhn noch zuckend in der Hand.

Am nächsten Tag musste Vassil allein in seinem Quadrat graben. Keiner wollte in seiner Nähe sein.

Manchmal büxten wir nachts aus und gingen zum Strand. Kaum angekommen, fanden sich Paare in der Dunkelheit, es wurde geküsst, die Klamotten fielen, und wenn der Sand zwischen den Zähnen knirschte und überall am Körper klebte, sprang man ins vom Plankton leuchtende Wasser. Wer wie ich Glück hatte, erreichte im warmen Meer und im Auf und Ab der Wellen seinen Höhepunkt.

Sie hieß Margarita und war nicht nur einen Jahrgang höher, sondern auch einen Kopf größer als ich. Ihre reife Erscheinung war mir schon während des Schuljahrs aufgefallen. Man munkelte sogar, dass sie eine Affäre mit einem unserer Geschichtslehrer hatte. Ich rechnete gar nicht damit, von ihr bemerkt, geschweige denn erwählt zu werden.

Es fing schon im Hinterhof der Schule an, wo unter den Fenstern der improvisierten Schlafräume schnell eine Filiale unseres Raucherkomitees entstanden war. Nach dem Abendessen hingen wir dort ab. Die Raucher rauchten, eine Flasche Schnaps wurde herumgereicht, dann eine zweite. Margarita stand neben mir und schaute mich von der Seite an. Mit einer Selbstverständlichkeit, als wäre ich ihr kleiner Bruder, legte sie irgendwann ihre Hand auf meine Schulter. Das ganze Vorspiel war damit erledigt. Sie hatte es so entschieden, und ich hatte nichts anderes zu tun, als ihr zu folgen. Zum Strand, auf den Sand und ins Wasser. Und so unvermutet, wie es anfing, so spurlos ging es vorüber.

Ich traf Margarita erst vierunddreißig Jahre später wieder. Bei der Beerdigung von Nicky, einem Mitschüler, der damals auch mit am Strand war. Ihr Lächeln und der Blick, den sie mir zuwarf, weckten für einen Moment die Erinnerung an das Auf und Ab der Wellen im nächtlichen Meer. Sie hatte mittlerweile vier Kinder von drei verschiedenen Vätern, die ersten beiden mit dem Geschichtslehrer.

JOHN, YOU ARE IN OUR HEARTS! **23**

Die große Kreuzung im Zentrum von Sofia, wo sich drei der Hauptverkehrsadern der Stadt treffen, ist der Patriarch-Evtimii-Platz. Hinter dem Denkmal des Patriarchen, unter den alten Platanen, stehen verstreut ein paar Bänke. Tagsüber sitzen dort Menschen, die auf die Tram oder den Bus warten. Am frühen Abend verwandelt sich der Ort in den wichtigsten Treffpunkt der Stadt. »Sehen wir uns beim Popen, um sechs, ja?«, lautete die Ansage, wenn man mit seiner neuen Bekanntschaft ausgehen oder mit seiner Clique abhängen wollte, bevor entschieden wurde, wie der weitere Verlauf des Abends aussehen sollte. Bekannte und Unbekannte, Teens und Twens, Rock- und Discofans versammelten sich, standen um das Denkmal herum oder saßen auf den Stufen davor, checkten vorsichtig die Klamotten der anderen und die eigene Frisur, tauschten Schallplatten und Musikkassetten. Aus einem Kassettenrekorder klang meistens ein Heavy-Metal-Hit, oder jemand zupfte einen Beatles-Song auf der Gitarre – aber nur so lange, bis die Vertreter der Volksmiliz auftraten.

Hinter den Platanen befand sich ein großzügiges bürgerliches Familienhaus aus den Dreißigerjahren, das unter den Kommunisten enteignet worden war. Darin hatte man das staatliche Amt für notarielle Angelegenheiten untergebracht. Eines Tages prangte an einer seiner Wände ein Graffito: »John, you are in our hearts!« Groß und blau. Daneben ein Herz und die Songtitel »All you need is love«, »Help!« und »Imagine«. Es war der 8. Dezember, der Tag, an dem zwei Jahre zuvor John Lennon vor seinem Apartment in Manhattan von einem Psychopathen erschossen worden war.

Die auf höchster Dringlichkeitsstufe durchgeführten Untersuchungen des bulgarischen Geheimdienstes brachten zutage: »Schüler des Englischen Gymnasiums in Sofia haben nicht nur öffentlichem Eigentum materiellen Schaden zugefügt, sondern durch Verwendung westlicher Parolen versucht, das geistige Fundament der sozialistischen Gesellschaft zu untergraben.« Die gesamte Maschinerie des Sicherheitsapparates setzte sich in Gang: Schüler und Eltern wurden verhört, Rädelsführer ausfindig gemacht, Schulverweise erteilt, Eltern zur Rechenschaft gezogen. Manche verloren sogar ihre Stellung.

Ungefähr zur selben Zeit lief in den Kinos *Hair* von Miloš Forman. Die jungen Menschen auf der Leinwand sangen, tanzten, schüttelten ihre langen Haare, liebten sich. Und obwohl das alles in einer Welt geschah, die mir unerreichbar schien, sah ich mich mitten unter ihnen. Zwar konnte ich in der Dunkelheit des Kinos nicht mehr tun als mitsingen, aber fürs Erste reichte das. Ich war dabei! Die Freiheit war zum

Greifen nah. Der Film versetzte mich in einen Zustand der Entfesselung. Dieses Gefühl hielt einige Tage an, dann musste ich wieder ins Kino. Ich habe *Hair* sechzehn Mal gesehen. War es ein Versehen oder bloß die Dummheit der Mächtigen, diesen Film überhaupt zuzulassen? So wie auch *Einer flog über das Kuckucksnest*, einen anderen Film desselben Regisseurs. Jack Nicholson als Rebell in einer geschlossenen psychiatrischen Anstalt, der sich mit Händen und Füßen aufbäumt gegen das System, das ihn zähmen will. Er war unser Held! Wir begriffen die Botschaft des Films, während wir weiterexistierten in unserer geschlossenen Anstalt – ohne Aussicht auf Veränderung ...

Ein komischer Zustand von Unsicherheit und Unzufriedenheit. Einerseits bestrafte man auf brutale Weise Liebesbekenntnisse an John Lennon, andererseits ließ man uns die systemkritischen Filme von Miloš Forman sehen, der aus seiner sozialistischen Heimat, der ČSSR, geflüchtet war. Wie ging das zusammen, waren das die ersten Risse in der Mauer oder war es die reine Willkür der Macht? Mein langsamer Abschied von einem Leben, das abhängig von unberechenbaren Entscheidungen anderer war, bestimmt von Begrenzung und Unfreiheit, hatte begonnen. Daran war nichts Dramatisches. Nur eine sanfte Entschiedenheit, die in meinem sechzehnjährigen Kopf zu keimen begann.

Es war auch nichts Überraschendes. Als ich sieben oder acht Jahre war, antwortete ich auf die Frage, was ich einmal werden möchte: Dirigent. Oder Diplomat. Und warum? Weil Dirigenten und Diplomaten sich auf der ganzen Welt frei bewegen dürfen. Erstaunlich. Ich hatte, verdammt noch mal, schon damals die richtige Intuition. Wann und wie ich das Land verlassen würde, wusste ich natürlich noch nicht. Aber dass es dazu kommen musste, wurde mir immer klarer. Nur Geduld.

STREIK! 24

Das große Privileg der Schüler des Nationalen Gymnasiums für antike Sprachen und Kulturen war die Reise nach Griechenland, zur Wiege der europäischen Kultur. Sie gehörte zum Schulprogramm der zehnten Klasse und fand jeweils im Frühling während der Ferien statt.

Mit Bussen würden wir in das Nachbarland fahren, um mit unseren eigenen Augen die Orte und Kultstätten zu sehen, von denen im Unterricht so oft die Rede war. Unsere Füße sollten den Boden von Hellas' Heroen berühren, unsere Lungen die Luft (*aither*) einatmen, die die olympischen Götter bewohnten.

Griechenland war nicht nur ein Ausflug in die Antike, sondern eine Reise hinter den Eisernen Vorhang, in ein Land, das kein Verbündeter des Warschauer Paktes war. Für die meisten von uns war es sogar das erste Mal, dass sie überhaupt die Grenze des eigenen Landes überschritten. Ich dagegen hatte mein erstes Rendezvous mit dem Kapitalismus schon hinter mir und freute mich darauf, ihn meinen Freunden vorstellen zu können. Alle Vorteile des Systems und meine Erlebnisse im Westen hatte ich ihnen schon in allen Einzelheiten beschrieben. Als Höhepunkt meiner Ausführungen hatte ich die Möglichkeit hervorgehoben, dass man dort einen Film erotischen Inhalts in einem entsprechenden Kino besuchen könne.

Schon lange vor der Abreise war die Stimmung aufgeheizt. Wir konnten es kaum abwarten, in die Busse zu steigen und loszufahren. Doch zwei Monate vor dem heiß ersehnten Ausflug fand in unserer Schule ein Ereignis statt, das nicht nur die Schulreise in Gefahr brachte, sondern einige der Zehntklässler in die Nähe eines Schulverweises und ihre Eltern an den Rand eines Nervenzusammenbruchs.

Am Anfang des zweiten Halbjahres erwartete uns eine böse Überraschung: Die Schulleitung hatte den Lehrplan komplett geändert. Sie machte uns den Samstag zum längsten und unangenehmsten Tag der Woche – zwei Stunden Latein, zwei Stunden Altgriechisch, zwei Stunden Analyse der altgriechischen Mythen und zu allem Überfluss noch eine Stunde Geschichte des Marxismus-Leninismus. Der darauffolgende Montag sah nicht besser aus, was bedeutete, dass wir den Sonntag über die Bücher gebeugt verbringen mussten, anstatt den Restalkohol zu verarbeiten und später vielleicht ins Kino zu gehen. Das konnten wir nicht hinnehmen. Am Samstagabend stiegen die Partys, es wurde gesoffen, geraucht, getanzt, geknutscht! Nein, nein, kommt nicht infrage! Nicht mit uns!

Also wurde im Raucherkomitee eine Versammlung des

zehnten Jahrgangs einberufen, um über mögliche Maßnahmen zu diskutieren. Wir beschlossen, zunächst den friedlichen Weg einzuschlagen und das Gespräch zu suchen. Nach heftigen Auseinandersetzungen zwischen radikalen und gemäßigten Flügeln einigten wir uns auf einen Text. Er endete mit der Drohung: »Ändern Sie mit sofortiger Wirkung unseren völlig überlasteten Stundenplan am Samstag! Wenn unsere Forderung bis Freitag nicht erfüllt wird, kommen wir am Samstag nicht zur Schule! Wir rufen den Streik aus!« Das Wort »Streik« kannten wir nicht nur aus den Geschichtsbüchern, sondern auch aus den Nachrichten über Polen, Lech Wałęsa und die Solidarność. Ein für seine Schönschrift bekanntes Mädchen schrieb alles auf. Ein sportlicher Bote rannte mit dem Blatt zum Sekretariat.

Drei Tage vergingen. Keine Reaktion. Erneut wurde eine Versammlung einberufen, die sich schnell zu einem regelrechten Streikkomitee entwickelte. Am Samstag betraten die Lehrer wie üblich beim letzten Klingelton die Klassenzimmer und fanden sich vor leeren Bänken. Das betraf alle vier Parallelklassen des zehnten Jahrgangs: die zwei englischen, die französische und die deutsche. Sechzig Schüler standen auf der Treppe mit dem Rücken zum Schuleingang. In privater Kleidung. Eine schweigende Wand. Nur die zwanzig Deutschen machten nicht mit. Wir hatten eine Stinkwut auf diesen erbärmlichen Haufen, der sich da unterm Lenin-Relief zusammendrängte. Natürlich in Schuluniform! Elende Streikbrecher! Immerhin konnten wir sie daran hindern, die Schule zu betreten.

Einer nach dem anderen kamen die Lehrer aus der Schule und wollten die Treppe hinunter. Wir ließen sie durch. Als Letzte trat unsere Direktorin heraus. Ihr Blick verriet mehr Sorge als Ärger. Sie begab sich zu den Lehrern. Sie tuschelten miteinander, schauten sich unruhig um und sprachen kein Wort mit uns. Plötzlich bog ein Wagen der Volkspolizei um die Ecke. Zwei Uniformierte stiegen aus und stellten sich breitbeinig vor uns auf. Ihre Körperhaltung sollte bedrohlich wirken und uns einschüchtern. Das allerdings war schwierig: Der Ältere war klein, dick, mit völlig zerzaustem Haar, der Jüngere war ziemlich mager und hatte seine Mütze schief auf dem Kopf. Die Direktorin löste sich aus der Gruppe der Lehrer, ging zu den Uniformierten hinüber und bat um ein Gespräch. Wir hörten nur einzelne Worte, aber genug, um zu verstehen, dass die Vopo unsere Aktion anscheinend nicht als harmlosen Jugendstreich einstufen wollte, wie es ihnen die Direktorin nahelegte. Begriffe wie »Provokation« und »Staatssicherheit« machten klar, dass die Sache eine von uns nicht vorhergesehene Wendung nehmen könnte. Wieso waren die Vopos überhaupt da? Wer hatte sie über unseren Streik informiert? Die Schulleitung? Ein Lehrer? Bestimmt wieder die Scheißdeutschen, diese Streikbrecher.

»Alle Klassen des zehnten Jahrgangs erscheinen pünktlich um sieben Uhr fünfundvierzig im Klassenraum Nummer dreizehn.« Der handgekritzelte Zettel klebte direkt auf der Glasscheibe der Eingangstür, als ich am Montag das Schulgebäude betreten wollte. Das Wochenende war wie immer verlaufen, der Samstagabend sogar noch ausgelassener als sonst, im Glauben an den Sieg unseres Streiks. Aber dieser Zettel? Alle Schulbänke waren besetzt, und diejenigen, die keinen Sitzplatz ergattern konnten, lehnten an den Wänden. Keiner redete, keiner lachte, die ganze Aufmerksamkeit war auf die zwei unbekannten Männer gerichtet, die neben der Direktorin vor der Tafel standen. Beide um die vierzig, die Hände in die Taschen ihrer zugeknöpften Mäntel vergraben. Der eine trug eine Brille, die seinem Blick noch mehr Kälte verlieh, der andere einen buschigen Schnurrbart, hinter dem er seine schlechten Zähne zu verbergen versuchte.

»So sieht also die Staatssicherheit bei der Arbeit aus«, dachte ich. Es war allen klar, wer da vor uns stand. Die letzte Klingel ertönte, jemand machte die Tür zu, und eine beklemmende Stille machte sich breit. Die Genossen schwiegen und schauten uns an. Als der mit dem Schnurrbart gerade den Mund aufmachen wollte, trat plötzlich unsere Direktorin nach vorn und begann zu reden.

Langsam wurde deutlich, welche Dimension unsere Protestaktion mittlerweile angenommen hatte. Es sah fast so aus, als wollte man uns zu Staatsfeinden erklären. Vielleicht nicht alle, aber zumindest die Anstifter, die jetzt, bitte schön, Mut beweisen und sich ergeben sollten, um nicht die weniger Schuldigen mit in den Abgrund zu reißen. Denn schuldig waren sowieso alle. »Und ich am meisten, da ich nicht rechtzeitig diese Entgleisung erkannt und meine Zöglinge gleich in die richtige Bahn zurückgeführt habe«, wandte sich die Direktorin an die beiden Männer. »Ach, Kinder, Kinder«, fuhr sie fort, »wie sollen die Genossen uns jetzt ihr Vertrauen schenken und uns nach Griechenland fahren lassen? Ich weiß nicht, ob ich selbst noch in der Lage bin, euch zu vertrauen. Ich bin wirklich am Boden zerstört.«

Als sie mit ihrer Rede fertig war, standen die Mäntel neben ihr und staunten nur, dass nichts mehr zu sagen geblieben war. Der mit der Brille stammelte: »Ja … Ja … So sieht es aus!« Der mit dem Schnauzer schloss ab: »Das weitere Vorgehen werden wir bei uns in der Zentrale besprechen. Wir melden uns wieder!« Dann gingen sie hinaus, zuerst der Schnurrbart, dann die Brille.

GRIECHENLAND: ENDLICH! 25

Nach zwei langen Monaten des Ratens, Bangens, Verzweifelns und Hoffens stiegen wir endlich in den Bus. Unsere Streikaktion war uns offenbar von der Zentrale verziehen worden, jedenfalls erlaubte man uns, die Staatsgrenze zu überqueren. Man stellte uns sogar einen besonderen Begleitservice zur Verfügung: die zwei uns schon bekannten Stasi-Genossen. In sommerliche Farblosigkeit gekleidet, saßen sie direkt hinter dem Busfahrer, um bei jedem Halt sicherzustellen, dass die Zahl der Ausgestiegenen mit der Zahl der Einsteigenden übereinstimmte.

Kreuz und quer fuhren wir über das griechische Festland, besuchten Tempel, Ausgrabungsstätten und überhaupt alles, was von der Antike übrig geblieben war. Für die Lehrer war der Höhepunkt des Programms die Schüleraufführung im Amphitheater von Delphi. Wir wurden dazu verdonnert, Euripides im Original auswendig zu lernen und dann vor zufällig auftauchenden Touristen eine erbärmliche Vorstellung griechischer Tragödie abzuliefern. Am schlimmsten waren die von zu Hause mitgebrachten weißen Bettlaken, in die wir eingewickelt wurden. Ich habe mich selten so geschämt.

Das Filmhaus Aphrodite gegenüber unserem Hotel in Athen war ein Höhepunkt anderer Art. Bis dahin wurden unsere erotischen Fantasien und Handlungen nur von der Damenwäscheabteilung aus einem Neckermann-Katalog angefacht. Den Katalog hatte meist irgendein Vater als Geschenk für seine Frau von einer Dienstreise mitgebracht. Sie hätte sich sowieso nichts bestellen können, wir dagegen hatten einen unmittelbaren Genuss. Der Katalog wechselte in streng geregelten Abständen den Benutzer.

Jetzt also Pornokino. Nicht nur Jungs, auch ein paar Mädchen waren dabei. Der Mann an der Kasse, der sich keine Einnahmen entgehen lassen wollte, tat so, als wären wir alle schon achtzehn, und winkte uns durch. Wir verteilten uns in dem halb leeren Kinosaal: Mädchen und Jungs getrennt. Auf einer großen Leinwand wechselten ein Mann und eine Frau behände die Körperstellungen, stöhnten und sagten deutsche Worte. Es waren nicht viele und immer die gleichen: »Komm … komm!« – »Jaaaa … jaaaa!« Auf dem Höhepunkt kam ein neues Wort dazu: »Endlich!« Das habe ich mir gemerkt.

Am zehnten Tag unserer Reise bestiegen wir wieder den Bus, der vorm Hotel in Thessaloniki auf uns wartete. Es ging zurück nach Hause. Froh waren wir darüber nicht. Schweigend suchten wir unsere Plätze. Die Stasimitarbeiter stiegen als Letzte ein und setzten sich auf ihren Platz hinter dem Fahrer. Das Durchzählen begann. Einmal, zweimal. Beim dritten Mal guckte die Lateinlehrerin etwas beunruhigt in Richtung der Stasileute und zuckte mit den Schultern. Daraufhin stand einer der beiden Mitarbeiter auf, ging zu ihr, und sie murmelten etwas. Dann begann auch er zu zählen. Als er fertig war, hielt er inne, die zwei Falten auf seiner niedrigen Stirn verrieten große Anspannung. Er rannte nach vorn zu seinem Kollegen.

Der Kollege nahm eine Liste zur Hand und rief unsere Namen einzeln auf. Bei »Angel Georgiev« meldete sich keiner. Wir schauten uns um: Angel war tatsächlich nicht im Bus. »Bestimmt schläft er noch!« – »Nein, er hat sich im Klo eingesperrt und will nicht mitkommen!« Solche und ähnliche Vermutungen flogen hin und her. Die Stasileute, begleitet von einigen Lehrern, stürzten ins Hotel, um nach Angel zu suchen.

Es war nicht üblich für ihn, sich zu verspäten. Und auch sonst fiel er in der Schule nicht auf. In den seltenen Fällen, in denen er sich traute, das Wort zu ergreifen, sah es so aus, als würde er sich seines Daseins schämen. Für meine Clique und mich war er quasi nicht vorhanden. Man musste schon ein bisschen vorpreschen, damit man wahrgenommen wurde. Und er war nicht so. Mit seinem fettigen Haar, das er ständig glatt strich, seinen schlaksigen unsicheren Bewegungen, seiner etwas schiefen Körperhaltung und dem verlegenen Lachen seines großen Mundes gehörte er nicht zu den Favoriten der Klasse. Wir machten uns zwar Gedanken über seine geschlechtliche Orientierung, ließen ihn aber damit in Ruhe. Jetzt fehlte also ausgerechnet Angel, der nie auffiel.

Aus Angst, dass womöglich noch einer verschwand, verbot man uns auszusteigen. Die Zeit zog sich in die Länge, wir wurden ungeduldig. Die Stasimitarbeiter trennten sich – der mit dem Schnurrbart nahm wieder seinen Platz hinter dem Busfahrer ein, die Tür ging zu, und wir fuhren ab. Der mit dem kalten Blick blieb mit Köfferchen auf dem leeren Parkplatz vor dem Hotel zurück. Angel hatte etwas erreicht, was ihm zuvor noch nie gelungen war: Er hatte unsere ganze Aufmerksamkeit.

Angel wurde gefunden und schon am nächsten Tag nach Hause gebracht. Was wirklich in Thessaloniki geschehen war und wo man ihn schließlich aufgestöbert hatte, haben wir nie erfahren. Er wurde unverzüglich von der Schule verwiesen, wir sahen ihn nicht wieder. Aber insgeheim wünschten wir ihm, dass er doch noch den Mut haben würde, die Flucht in den Westen zu wagen.

Zwei Jahre später, wir standen kurz vor dem Abitur, sickerte die Nachricht zu uns durch, dass Angel während seines Militärdienstes Selbstmord begangen habe. Zumindest war das die Version, die wir zu hören bekamen.

Selbstmord war bei der Armee keine Seltenheit. Es klang zunächst glaubwürdig. Er hatte den Schulabschluss in seiner Heimatstadt Burgas gemacht und wurde dort auch eingezogen. In der Regel teilte man die jungen Männer der Schwarzmeerküste der Marine zu. Das Schlimme daran: Dort dauerte der Dienst drei statt der üblichen zwei Jahre. Es gab Vermutungen, dass Angel Schikanen und Schlägereien zum Opfer gefallen war und um das zu vertuschen, sein grausamer Tod als Suizid ausgegeben wurde. Jungs wie er hatten es nicht einfach beim Militär.

26 TORSCHLUSSPANIK

Im Sommer nach meinem Schulabschluss kam meine Schwester zur Welt. Sie war allerdings nicht die Tochter meines Vaters. Seit einiger Zeit gab es einen anderen Mann im Leben meiner Mutter. Das passierte so elegant und selbstverständlich, dass ich ihn als einen älteren Freund akzeptierte. Während der letzten zwei Jahre vor dem Abitur war ich so sehr mit mir selbst beschäftigt gewesen, dass ich nicht wahrnahm, wie sich die Ehe meiner Eltern langsam, aber sicher auflöste. Wollte ich es nicht bemerken oder geschah es tatsächlich so undramatisch? Mein Vater behauptete später, er sei nach der Trennung erleichtert gewesen, um nicht zu sagen glücklich. Aber nach außen spielte er den Leidenden, um meine Mutter nicht zu kränken.

Ich war am Strand, als die Nachricht von der Geburt eintraf. Dieses Ereignis musste ich erst mal verarbeiten, ich war ja mein ganzes Leben lang Einzelkind gewesen. Nun war auf einmal alles anders, und ich nahm es zum Anlass, um mich mit meinen Freunden drei Tage lang zu besaufen. In meiner

Ekstase schrie ich sie immer wieder an: »Ich habe eine Schwester, habt ihr's endlich kapiert, ich habe eine Schwester!«

Es war August, ich war neunzehn und genoss die letzten Tage in der Freiheit. Die zwei Jahre, die uns bevorstanden, erfüllten uns mit Grauen. Vor der Wehrpflicht gab es kein Entkommen, und wir sahen das Verhängnis unausweichlich auf uns zukommen. Der Militärdienst bei der bulgarischen Volksarmee bedeutete den völligen Entzug von allem, was das Leben lebenswert machte. Er kam uns vor wie die lebenslange Strafe des Grafen von Monte Christo. Was wir zu erwarten hatten, war allgemein bekannt: Demütigung, Misshandlung und Schikane, durchgeführt von sadistischen Ausbildern und älteren Rekruten.

Die Stimmung schwankte zwischen Verzweiflung und Euphorie. Wir betäubten uns mit billigem Schnaps, badeten nachts im Meer, schliefen ein am Strand, wurden von der Sonne geweckt und machten weiter.

Ein kleiner Trost war, dass ich an der Theater- und Filmakademie in Sofia aufgenommen worden war. Wer keinen Nachweis erbringen konnte, dass seine Aufnahme an einer Hochschule gesichert war, musste damit rechnen, noch mehr Zeit in der Armee zu verbringen. Diese bedrückende Aussicht war auch der eigentliche Grund für meine Bewerbung gewesen. Ich musste die Prüfungen auf jeden Fall bestehen. Filmregie wollte ich studieren und hatte mich auch darauf vorbereitet, doch kurz vor Beginn der Prüfungen wurde ausgerechnet dieses Fach für das laufende Jahr aus dem Programm gestrichen. In meiner Not bewarb ich mich für Schauspiel. Einige Texte hatte ich bereits auswendig gelernt, da für das Regiefach auch schauspielerische Fähigkeiten verlangt wurden. Ich war einige Monate zuvor in eine Jugendtheatergruppe eingetreten, deren Leiter ein sehr guter Pädagoge war. Unter seiner Regie hatte ich einige Monologe und Erzählungen von Tschechow, Shakespeare und Tolstoi vorbereitet und entdeckte plötzlich und vollkommen unerwartet den Wunsch, vor anderen ein anderer zu sein. Ich begann, Gefallen daran zu finden, fremde Worte zu sagen und sie mir anzueignen.

Mein Vater aber war verzweifelt. Er wollte mich als Wissenschaftler sehen. Oder als Anwalt. »Das Gericht ist auch eine Bühne, auf der du dein schauspielerisches Talent, falls du eins haben solltest, ausleben kannst. Schließlich sind Rechtsanwälte die größten Schauspieler! Sie interpretieren die Fakten so wie Schauspieler, als Fiktion. Und Mathematiker und Physiker sind auch Künstler, sie spielen mit Zahlen und Modellen …« Seine größte Sorge war, dass man mich als Schauspieler nie unabhängig, sondern immer im Verhältnis zu ihm sehen und entsprechend beurteilen würde. Meine materielle Absicherung war ihm dabei nicht wichtig, aber mich als glücklosen Schauspieler zu erleben – das wollte er sich nicht vorstellen, das hätte ihn zerstört.

In seinem gesunden Desinteresse an meiner Schullaufbahn hatte mein Vater nicht bemerkt, dass ich Mathematik und Physik schon nach der zehnten Klasse abgewählt hatte.

Auch ein Jurastudium kam nicht infrage. Um die Prüfung zu bestehen, musste man dreißigseitige Aufsätze über Werke der bulgarischen Literatur verfassen können, in denen man sein Klassenbewusstsein zum Ausdruck brachte. Das war nicht gerade meine Stärke. Genauer gesagt: Ich hasste es. Es widerstrebte mir, die Klischees der kommunistischen Geisteswissenschaft zu bedienen, ich spürte die Ablehnung beinahe körperlich. Meine Aufsätze brachten es auf maximal drei Seiten. Damit war alles gesagt.

Die Jury bestand aus sechs oder sieben Theaterleuten, die allesamt meinen Vater gut kannten. Um den geringsten Verdacht auszuschließen, dass er Einfluss auf die Jurymitglieder nehmen würde, verschwand mein Vater aus Sofia und tauchte erst wieder auf, nachdem ich die vierte entscheidende Runde bestanden hatte. Auf die fünfundzwanzig Schauspielplätze kamen jährlich bis zu zweitausend Bewerbungen. Die Aufnahmeprüfung dauerte drei Wochen und fand auf der Studiobühne der Hochschule statt. Nach jeder der sechs Runden wurde der Kreis der Kandidaten kleiner, die Liste der Ausgewählten hing abends an der Pforte. Und es trat genau das ein, was mein Vater befürchtete.

»War doch klar! Mit dem Namen!«, hörte ich schon nach der ersten Runde das Murren meiner Konkurrenten. »Man muss eben Beziehungen haben! Ganz oben, nicht wahr?« Die Missgunst gegenüber dem Namen meines Vaters hätte ich noch verkraften können. Aber der Verdacht, von der Partei protegiert zu werden, hat erst recht meinen Ehrgeiz geweckt. Ich wollte es ihnen zeigen. Mit jedem Tag wuchs mein Selbstbewusstsein, die Ungeduld, wieder auf der Bühne zu stehen, wurde größer. Ich hatte keine Angst mehr vor den strengen Blicken der Jury. Als die letzte Liste aufgehängt wurde, stand mein Name ganz oben. Da wurde das Murren noch lauter: »Es reicht nicht, dass er aufgenommen wurde, jetzt ist er auch noch Erster!« Ich fragte mich, ob mein Vater nicht doch recht behalten sollte. Würde ich ein Leben lang gegen meinen und seinen Namen ankämpfen müssen? Allein die stoische Haltung meiner Mutter gab mir Zuversicht, dass aus mir eines Tages eventuell doch ein Schauspieler werden könnte. Während des gesamten Examens begleitete sie mich aus der Ferne, versteckte aber aus lauter Aberglauben ihre Freude über jede genommene Hürde. Mit meinem Eifer hatte ich sie angesteckt. Nachts schlich sie zur Pforte, um im Schein ihrer Taschenlampe die neueste Namensliste zu kontrollieren.

Der Terrazzoboden in meiner Berliner Küche hat sich wieder mal verwandelt. Er sieht jetzt aus wie Sülze in Aspik. Auf Bulgarisch: *Patscha*, eine gallertartige Substanz aus zerkochten Fleischresten. Ich hasse das und habe es immer gehasst. Ich verbinde damit das Gefühl von Stumpfsinn. Es erinnert mich an die verlorene Zeit zwischen meinem neunzehnten und einundzwanzigsten Lebensjahr.

VON FANFAREN UND ZIEGEN 27

Die letzten Wohnblocks am Stadtrand von Sofia. Hinter den brachliegenden Feldern erstreckt sich das Areal der Halbhochschule für Transportwesen auf Schienen. Die bizarre Bezeichnung »Halbhochschule« war eine Erfindung des sozialistischen Bildungswesens. Ich nahm an, dass es sich um die Ausbildung von Halbakademikern handelte. Halbmenschen, die ihren halb erlernten Halbberuf nur halb können. Es gab auch Halbhochschulen für Medizin oder Ingenieurwesen. Ich stellte mir vor, dass man sich von deren Absolventen halb kurieren oder ein halbes Haus bauen lassen konnte. Bulgarien war auch bekannt für die Produktion von Halbleitern. Genosse Schiwkow hatte in seiner Rede zur Eröffnung des Kombinats für Mikroprozessortechnik, das in seinem Heimatdorf aus dem Boden gestampft worden war, groß angekündigt: »Wir steigen ein ins Zeitalter der Mikroelektronik! Dieses Jahr produzieren wir Halbleiter, aber schon im nächsten Jahr werden wir ganze Leiter produzieren!« Stürmischer Beifall seitens der Parteigenossen und der Belegschaft.

Die Halbhochschule für Transportwesen auf Schienen war dem Ministerium für Volksverteidigung untergeordnet, wurde wie eine Militäreinheit geführt und diente als Ausbildungsstätte für zukünftige Eisenbahner. Eintausenddreihundert Kadetten wurden jährlich aufgenommen und erlernten neben der militärischen Ausbildung auch einen Beruf. Dafür mussten sie sich verpflichten, ein zusätzliches Jahr in Gefangenschaft zu verbringen. Der Unterschied zwischen ihnen und mir: Ich war ein einfacher Rekrut, der seine Zeit bei der Armee so schnell und schmerzlos wie möglich hinter sich bringen wollte, um nie wieder mit dem Militär in Berührung zu kommen. Dennoch musste ich zwei kostbare Lebensjahre für das sinnloseste Unternehmen der Welt opfern, die bulgarische Volksarmee.

Die Halbhochschule verfügte über eine Blaskapelle. Sie bestand aus fest angestellten Offizieren niederen Grades, Rekruten mit Musikausbildung und einem Dirigenten: Hauptmann Tonnev, ein kleiner Mann von einer Korpulenz, die seinem Namen alle Ehre machte. Er war ein guter Bekannter von Emil Christov, Komponist und einer der ältesten Freunde meines Vaters. Dessen Sohn wiederum, Georgi, war mein Freund und schon damals ein großartiger Jazzmusiker. Georgi spielte Kontrabass und ich Schlagzeug. Unsere Väter waren übereingekommen, ihre Beziehungen zu Hauptmann Tonnev zu nutzen, um ihre Söhne in der Blaskapelle unterzubringen. Sie hofften auf mildernde Umstände während der Militärgefangenschaft ihrer Kinder.

Ursprünglich war mein Plan ein anderer gewesen. Freunde von mir hatten den Militärdienst relativ unbeschadet als Chorsänger bei den Bautruppen der bulgarischen Streitkräfte überstanden. Der Dirigent des Chors war Hauptmann Bobevski, auch der »große Bobevski« genannt, obwohl er nicht größer war als Hauptmann Tonnev. Bobevski fühlte sich der großen Kunst näher, wenn er die Söhne bekannter Künstler unter seine Fittiche nehmen konnte. Also hatte ich gute Karten. Allerdings war man verpflichtet, gewisse Umwege zu machen, um in seinem Chor aufgenommen zu werden.

Am Anfang stand Gesangsunterricht. Der Lehrer, eine versoffene Gestalt in flauschigen Hausschuhen, der die Einnahmen mit Hauptmann Bobevski teilte, entwickelte den Ehrgeiz, aus mir einen Tenor zu machen. Zu Beginn jeder Unterrichtsstunde spielte er mir »E lucevan le stelle« vor, die berühmte Arie von Cavaradossi aus Puccinis *Tosca*, gesungen von einem bulgarischen Tenor im Exil. Dabei näherte er sich meinem Gesicht und hauchte mit seiner Schnapsfahne: »Mein Schüler! Meine Entdeckung!« Das sollte mir als Ansporn dienen, denn ich würde über dasselbe Timbre verfügen, so versicherte er. Ich muss zugeben, dass ich mein eigentliches Ziel, den Chor der Bautruppen der bulgarischen Streitkräfte, für kurze Zeit aus den Augen verlor und mich als Cavaradossi auf der Bühne der Scala di Milano sah, den tobenden Applaus mit bescheidenem Nicken quittierend. »Hörst du, hörst du überhaupt zu?«, rief er und schlug mich auf den Hinterkopf. »Los, komm: ma-me-mi-mo-muuuu ...«

Ich holte tief Luft und stieg die Tonleitern rauf und runter. »Che ge-li-daaaa maa-nii-naaaaaa!«

Die nächste Hürde auf dem Weg zum Erfolg war meine Aufnahme im Arbeiterchor der Zigarettenfabrik Sofia, der ebenfalls unter der künstlerischen Leitung des großen Bobevski stand. Die Chorproben fanden im Gemeinschaftsraum der Fabrik statt. Zweimal die Woche saß ich abends zwischen altgedienten Arbeitern, die Schnurrbärte vergilbt vom Zigarettenqualm. Wenn sie den Mund zum Singen öffneten, sah man die gelben Zähne. Der Tabakgeruch, der allgegenwärtig war, durchdrang meine Kleider. Es fiel mir schwer, meine Mutter davon zu überzeugen, dass ich nicht zum Raucher geworden war.

Nach monatelangen Chorproben und nachdem viele Lewa in die Taschen des gierigen Gesangspädagogen (und in die von Bobevski) geflossen waren, bestätigte der Lehrer endlich, dass ich nunmehr den Militärdienst als Chorsänger bei den Bautruppen der bulgarischen Streitkräfte antreten könne. Meine Erleichterung war groß – bis zu dem Tag, an dem mein Vater voller Begeisterung mit der Idee ankam: »Weg vom Chor und hinüber zur Blaskapelle der Transporttruppen! Dort kannst du dich als Schlagzeuger weiterentwickeln! Du wirst Musik machen! So eine Blaskapelle ist wie eine Big Band!« Zu meinem Unglück habe ich mich von ihm überzeugen lassen und war naiv genug zu glauben, dass ich aus der Armee als gemachter Jazzmusiker entlassen werden würde.

An einem schönen Spätsommertag, pünktlich um zehn

Uhr, erschien ich also vor dem Portal der Halbhochschule für Transportwesen auf Schienen. Kahl geschorene junge Männer standen im Kreis ihrer Familien und Freundinnen. Die aus der Provinz Angereisten erkannte man an den großen Tischdecken, die sie auf der Wiese vor dem Portal ausbreiteten. Aus ihren Körben holten sie in Zeitungspapier verpackte Würste und selbst gebrannten Schnaps. »Ein Mann, der nicht beim Militär war, und eine Frau, die keine Kinder kriegt, sind nichts wert!«, grölten die Väter und hauten den verzagten Söhnen auf die Schulter.

Bis zum letzten Moment hatte ich gewartet, um die Mähne abzuschneiden, die ich den ganzen Sommer hatte wachsen lassen. Erst am Vorabend hatte ich im Angesicht meiner Freunde mit dem Haarschneider eine breite Schneise in den Wildwuchs auf meinem Kopf gelegt. Der Haarschneider ging von Hand zu Hand. Haare fielen, Tränen flossen, bis mein Schädel nackt war.

Das große Eisentor öffnete sich, und die Menge der kahl geschorenen Köpfe setzte sich von einem Dienstoffizier angetrieben in Bewegung. Ein letzter Blick zu den Eltern, ein kurzes Winken, und das Portal ging wieder zu. Man führte uns in einen düsteren Duschraum. Sonnenstrahlen drangen durch die schmalen Fenster unter der Decke und fielen auf den feuchten Terrazzoboden. Die Duschköpfe ragten aus den grauen Wänden. Uniformen wurden ausgeteilt. Die Fußlappen und die Hemdkragen mussten von zu Hause mitgebracht werden. Keine Zwischenwände, keine Privatsphäre. Kleidung und persönliche Gegenstände waren im Vorraum abzugeben.

»Die kriegt ihr wieder! In zwei Jahren …« Verhaltenes Gelächter. »Da gibt's nichts zu lachen! Ab unter die Dusche!«, setzte der Offizier nach, und ich dachte: »So, das war's.«

Die nächsten zwei Monate verbrachten wir mit allgemeiner militärischer Ausbildung: im Schlamm kriechen, Wände hochklettern, mit einem dreißig Kilo schweren Rucksack durchs Gelände rennen, mit der Kalaschnikow schießen … Alles Übungen, die aus uns echte Männer und treue Verteidiger unserer Heimat machen sollten. Wenn wir abends erschöpft in den Schlafraum zurückkehrten, begann eine Ausbildung anderer Art. Von den älteren Rekruten lernten wir, was Demütigung bedeutet und wie Menschen sich verändern können, sobald sich ihnen die Möglichkeit bietet, Macht auszuüben.

Vier Neulinge gegen zwanzig Ältere in einem Schlafraum. Letztere hatten das erste Jahr schon hinter sich, und weil es die Sitte so verlangte oder auch aus Langeweile oder weil sie einfach Spaß daran hatten, malträtierten sie uns. Sie erfanden ganz tolle Spiele, zum Beispiel die *Welle*: Der Parcours bestand aus den vierundzwanzig Betten des Schlafsaals. Wir mussten abwechselnd unters Bett kriechen und anschließend über das nächste drüberspringen. Unsere Peiniger johlten und feuerten uns an. Ein anderes beliebtes Spiel war das Ausziehen und Zusammenfalten der Uniform auf eine festgelegte Art. Wenn wir es nicht in den vorgeschriebenen zwanzig Sekunden schafften, fing das Prozedere von vorn an. Bis zu dreißigmal hintereinander. Das Schwierigste daran war das Zusammenrollen des Gürtels. Die Rolle musste den mächtigen Wurf an die Wand überstehen, mit dem ihre Festigkeit geprüft wurde. Wer es wagte, sich zu widersetzen, wurde verdonnert, die Klos zu putzen. Sie waren meistens verstopft, was kein Wunder war, bedenkt man, dass Hunderte von Rekruten dort ihren Darm entleerten. Der gelegentliche Tritt in den Arsch oder die überraschende Kopfnuss galten als Beweis für Zuneigung. Das Wochenende war dem Putzen des Orchesterprobenraums und dem Bohnern des Parketts in Hauptmann Tonnevs Arbeitszimmer gewidmet. Waren alle Übungen und Schikanen endlich überstanden, fielen wir völlig erledigt und abgestumpft ins Bett. In der Ferne, hinter den brachliegenden Feldern, leuchteten die Fenster der letzten Wohnblocks am Stadtrand von Sofia.

Die Krönung der allgemeinen Militärausbildung war der Fahneneid. Die pathetische Choreografie dieses Rituals galt es so zu verinnerlichen, dass uns kein Fehler unterlief. Ein Patzer hätte eine riesige Blamage für unsere Ausbilder bedeutet und wäre nicht ohne Konsequenzen geblieben. »Dann werdet ihr die Zivilisation erst nach der Entlassung erleben dürfen!« Und wir glaubten es.

Neben den Übungen in Schießen, Klettern, Kriechen, Rennen warfen wir also die Beine im Stechschritt, traten einzeln aus der Reihe vor, knieten vor der Fahne, küssten sie, brüllten, so laut es nur ging: »Ich schwöre, der Volksrepublik Bulgarien zu dienen! ... Bla, bla, bla ... Wenn ich diesen feierlichen Eid verletze, soll mich die härteste Strafe des Gesetzes sowie der Hass und die Verachtung aller Werktätigen treffen!«, und kehrten im Stechschritt wieder an unseren Platz zurück. Zu diesem Festakt waren auch Eltern und Verwandte eingeladen. Meine Mutter und meinen Vater hatte ich in der Menge entdeckt, aber sie standen so weit entfernt, dass ich nicht erkennen konnte, ob sie froh waren, mich zu sehen, oder meine Scham teilten.

Anschließend bekamen wir zwei Tage Freigang. Zum ersten Mal seit Monaten durfte ich die Uniform ablegen und wurde böse überrascht: Meine Jeans ging kaum noch zu. Das schlechte Essen, viel Brot, wenig Schlaf, der Stress, das Brom, das uns mit dem Frühstückstee eingeflößt wurde, um unsere Triebe ruhigzustellen, all das hatte meinen Körper verändert. Während wir mit dem Bus nach Hause fuhren und meine Eltern unzählige Fragen stellten, auf die ich einsilbige Antworten gab, wünschte ich mir nur, dass mir kein Freund, geschweige denn eine Freundin begegnete.

Der Bus näherte sich dem Zentrum von Sofia, die Sonne schien, ich schaute mich unruhig um, trotzdem freute ich mich auf die kurze Rückkehr in die Zivilisation.

Zu Hause angekommen, duschte ich so gründlich, als könnte ich damit die Erlebnisse der letzten Monate wegwaschen, und legte mich ins Bett. Der Geruch der Bettlaken, die sanfte Daunendecke und das weiche Kissen halfen mir zu vergessen, dass ich in den kommenden Jahren selten die Möglichkeit haben würde, mich wie ein normaler Mensch zu fühlen. Doch nach zwei Stunden Tiefschlaf erwachte ich in heller Panik: »Die Fanfare! Ich muss üben!«

Zu den Aufgaben der Rekruten, die bei der Blaskapelle beschäftigt waren, gehörte es, die Fanfare zu blasen. Den Offizieren war es egal, welches Instrument die Musiker beherrschten – Holz, Blech oder Schlagwerk –, Hauptsache, die Signale waren richtig. Der ganze Tagesablauf, vom Aufstehen bis zum Schlafengehen, wurde vom Signal der Fanfare eingeleitet. Der Bläser war dem diensthabenden Offizier untergeordnet und lief an seiner Seite – immer bereit, jedes erteilte Kommando in die Fanfare zu blasen. Das Repertoire enthielt etwa zwölf verschiedene Signale, manche kurz, die anderen ziemlich lang.

Gleich nach meinem zweitägigen Urlaub würde ich den Fanfarendienst antreten müssen. Alle Versuche zu erklären, dass ich im Leben noch nie ein Blasinstrument angefasst hatte, waren erfolglos geblieben. Die älteren Rekruten, die mich dieser Aufgabe zugeteilt hatten, freuten sich schon auf die vorhersehbare Blamage. Ich hatte also achtundvierzig Stunden, um zwölf Stücke auswendig zu lernen.

Schweißgebadet sprang ich aus dem Bett, griff nach der Fanfare, die ich nach Hause mitgenommen hatte, und begann zu üben. Anstatt auszugehen, Freunde zu treffen, die kurzen Augenblicke der Freiheit zu genießen, versuchte ich, diesem verhassten Instrument so etwas Ähnliches wie einen Ton abzuringen. Am Abend waren meine Lippen so aufgesprungen, dass die Fanfare nur noch klägliche heiße Luft von sich gab.

Am nächsten Tag, zurück in der Kaserne, trat ich den Fanfarendienst an. Ich sehe mich noch auf dem Appellplatz stehen: in einem langen braunen Militärmantel aus Filz, die lächerliche Mütze auf dem kahlen Kopf, die Füße in Fußlappen und in abgenutzten Militärstiefeln. Die Finger kleben vor Kälte am Blech der Fanfare. Links von mir Hauptmann Volov, diensthabender Offizier, seiner Erscheinung wegen auch »Ochse« genannt. Er gibt den Befehl: »Abmarsch zur Kantine!« Ich fange an zu blasen. Das Nächste, woran ich mich erinnere, ist das Grölen aus den Kehlen von eintausenddreihundert Rekruten. »Ochse« wirft mir einen vernichtenden Blick zu und sagt: »Das nächste Mal gibt's dafür drei Tage Einzelhaft.«

Bis heute habe ich es nie wieder geschafft, so viele Zuschauer auf einmal zum Lachen zu bringen. Dafür träume ich ab und an davon, auf einer Bühne zu stehen und nicht zu wissen, in welchem Stück ich bin. Alles schaut auf mich und wartet auf meine Replik. Der Albtraum, den alle Schauspieler kennen. Mein Vorteil: Ich habe ihn tatsächlich schon hinter mich gebracht.

Die Blaskapelle war alles andere als eine Big Band. Vom Schlagzeug keine Spur. Ein halbes Jahr lang schlug ich die Becken. An die große Trommel ließ man mich nur, wenn der Offizier, der sie bediente, abwesend war. Unzählige Märsche statt Jazz, marschieren statt tanzen. Bis zu dem Moment, als Hauptmann Tonnev beschloss, auf mein Beckenspiel zu verzichten. Man versetzte mich vorläufig zum Stabsquartier einer anderen Armeeeinheit des Transportwesens. Dort mussten wir im Vierundzwanzigstundentakt Wache schieben. Anschließend sollte ich meinen Dienst in der Einheit der Schienenleger verbringen, die den Status einer Strafkolonie hatte. Spätestens da begann mein Vater, einen Ausweg zu suchen. Meine Mutter machte Druck: »Du hast ihm die Suppe eingebrockt, du musst sie jetzt für ihn auslöffeln!«

Die geeignetste Lösung schien eine Krankschreibung. Nach einigen Recherchen nahm Papa Kontakt auf zu der Freundin einer Freundin einer behandelnden Ärztin in der psychiatrischen Abteilung des Militärkrankenhauses in Sofia. Meine Aufgabe war es, den zuständigen Arzt meiner Einheit zu überzeugen, dass ich psychisch krank sei und zur gründlichen Untersuchung in die entsprechende Anstalt geschickt werden müsse. Ich folgte dem Rat der Ärztin und entschied mich für »manische Depression mit Suizidgefahr«. Das schien mir am leichtesten darstellbar, ich dachte dabei wieder an den Helden aus *Einer flog über das Kuckucksnest*. Ob der Arzt mein Spiel durchschaute, blieb unklar, jedenfalls überwies er mich an die Psychiatrie des Militärkrankenhauses. Dort wurde ich einer dreiköpfigen Kommission unter Leitung unserer Freundin vorgeführt. Die typischen Symptome der Depression, die ich einstudiert hatte – Blick ins Leere, lange Pausen zwischen einsilbigen Antworten, verkrümmte Körperhaltung, Grimasse der Verzweiflung und so weiter – überzeugten die Kommission, und sie steckten mich in die geschlossene Abteilung.

Jeden Morgen nach der Medikamentenausgabe spuckte ich die Pillen durch das Gitter des Fensters aus, dann ging ich zu den verschiedenen Anwendungen: Wechselbäder, Psychotherapie, Gesprächsrunden. Oder ich half meinem Zimmernachbarn, einem Jungen in meinem Alter, spazieren zu gehen.

Er hielt sich für einen Hasen und konnte sich nur auf beiden Beinen gleichzeitig hüpfend fortbewegen. Dafür brauchte er meine Unterstützung, da er sonst das Gleichgewicht verlor. Er brachte nur unartikulierte Laute hervor, und ich konnte nie in Erfahrung bringen, was ihm in seiner Truppe angetan worden war. Nachts wurde ich oft wach. Ein anderer Zimmernachbar, ein Offizier in Rente, der tagsüber unauffällig war, richtete sich im Bett auf und stieß Schreie aus, die wie Befehle klangen. Wahrscheinlich sah er sich auf dem Appellplatz, auf dem sein ganzes Leben dahingeflossen war. Dann schlief er wieder ein.

Bei dem letzten Auftritt vor der Kommission wurde eine leichte Verbesserung meines seelischen Zustands konstatiert, und ich wurde für zwei Monate nach Hause entlassen. Danach war es unausweichlich geworden: Ich musste mich der Truppeneinheit der Schienenleger präsentieren. Ich wusste, dass mich Schlimmes erwartete.

1984, ein Jahr vor meinem Eintritt in die Armee, hatte das Zentralkomitee der Kommunistischen Partei unter dem Vorsitz des Genossen Schiwkow die »Bulgarisierung« der muslimischen türkischen Minderheit im Lande angeordnet. Das geschah unter dem Begriff »Wiedergeburtsprozess« und ging als der größte Schandfleck in die Annalen der neueren bulgarischen Geschichte ein. Achthundertfünfzigtausend türkischstämmige Bulgaren wurden gezwungen, ihre türkischen und arabischen Namen durch bulgarische zu ersetzen. Den Frauen wurde das Tragen ihrer Tracht, der typischen Pluderhose, den Männern die Takke, die traditionelle Gebetsmütze, verboten. Hochzeiten und Begräbnisse durften nicht mehr nach muslimischem Ritus begangen, Ramazan Bayram und Kurban Bayram nicht mehr gefeiert werden. Türkisch durfte offiziell nicht mehr gesprochen werden. Auf Widerstand reagierte die Parteiführung mit gezielter Propaganda, Repressalien und Verbreitung von fremdenfeindlichen Ressentiments. Die türkische Identität sollte ausgelöscht werden.

1989, kurz vor der Wende, gipfelte diese Politik in einem offiziellen Ultimatum: entweder vollständige Assimilation oder sofortige Ausweisung. Im Sommer desselben Jahres überquerten dreihundertsechzigtausend Menschen die Grenze Richtung Türkei, sie ließen alles hinter sich. Die Staatsmedien nannten die Aktion zynisch »den großen Ausflug«. Dass die jungen Männer aus der türkischen Minderheit beim Militär für die schwerste und unangenehmste Arbeit eingeteilt wurden, hatte System. Sie wurden in die letzten Ecken des Landes verschickt, um unmissverständlich klarzumachen, dass ihre Anwesenheit in der Gesellschaft unerwünscht war. »Wenn wir nicht zwei- oder dreihunderttausend dieser Leute rausschaffen«, sagte Schiwkow im Sommer 1989, »wird es in fünfzehn Jahren kein Bulgarien mehr geben. Es wird ein Land wie Zypern werden – oder so was in der Art.« Die Männer schufteten im Tagebau, bauten Straßen und öffentliche Gebäude oder legten Eisenbahnschienen. Da sie Rekruten waren, wurden sie dafür nicht bezahlt, was ihrem Armeedienst den Charakter von Zwangsarbeit gab.

In einer Einöde, dreißig Kilometer von Sofia entfernt, lag ein kleiner Bahnhof – Gara Kasitschene. Er wurde hauptsächlich von Güterzügen angefahren. Ein Berg aus Altmetall erhob sich neben dem Bahnhofsgebäude. Ein Kran hob die vollen Container von den Waggons und entließ mit ohrenbetäubendem Lärm die Ladung über dem Berg aus Schrott. Gleich neben dem Bahnhof befanden sich die sechs Baracken der Truppeneinheit. Einunddreißig Betten pro Baracke. An den beiden Längsseiten jeweils fünfzehn für die Rekruten und am Ende des Ganges, an der Stirnseite, ein leeres Bett, »Das Bett des Helden«. Jede Baracke hatte ihren eigenen Helden. Sein Bett war mit einem roten Fahnentuch bespannt, und auf dem Kopfkissen lag sein Porträt. Dort ruhte sein Geist, solange er wollte. Seine physische Existenz hatte er geopfert im Kampf gegen Ausbeutung, Imperialismus, für die Freiheit … und so weiter. Diese Installation sollte uns daran erinnern, dass wir ihm sogar unseren ruhigen Schlaf zu verdanken hatten. Ich hatte Glück: Das Bett neben dem Helden war frei. Hier richtete ich mich ein. Unschätzbarer Vorteil: Seitens des Helden war kein Schweißgeruch zu erwarten. Und Geister schnarchen nicht.

Meine neuen Leidensgenossen betraten die Baracke. Sie schleppten sich herein, schmutzig und ausgelaugt warfen sie sich in voller Arbeitsmontur auf ihr Bett. Nur meinem Bettnachbarn, einem bulgarischen Bauernjungen aus dem Norden des Landes, schien meine Anwesenheit aufzufallen. Wie bei der Armee üblich, sprachen sich die anderen Kollegen mit Familiennamen an: »Ivanov, Todorov, Petrov …«, typisch bulgarische Namen. Ihre Sprache aber war Türkisch, durchsetzt mit ein paar Brocken Bulgarisch.

In der ersten Nacht weckte mich lautes Gelächter. Ich musste mich sehr anstrengen, um zu verstehen, worum es ging. Das wenige, das ich hören konnte, hätte ich am liebsten nicht verstanden. Es ging um einen nächtlichen Besuch im nahe gelegenen Ziegenstall, um eine Orgie zwischen Mensch und Tier. Mit Lust wurden die Vorzüge und Unterschiede zwischen den Geschlechtsteilen der Ziegen ausgemalt und beurteilt. Mein Bettnachbar bemerkte meine aufgerissenen Augen und zwinkerte mir zu: »Das nächste Mal kommst du auch mit, Kumpel, dann kriegst du die Braune, die macht richtig Spaß!« Ich drehte mich um. Den Rest der Nacht verbrachte ich schlaflos.

Um halb fünf Uhr morgens wurde die Tür aufgerissen, jemand schrie etwas und knallte die Tür wieder zu. Zehn Minuten später standen wir in Reih und Glied auf dem Vorplatz. Die Fahne wurde hochgezogen, und der Kommandeur richtete sich an die gesamte Truppeneinheit der Schienenleger: »Wir haben einen Neuzugang! Vortreten!«

Ich verstand, wer gemeint war, und trat zwei Schritte vor. »Ich, Genosse Kommandeur!«

»Wer, ich?«

»Finzi! Ich!«

»Was? Ha-ha-ha-a-a-a! Finzi! Wie Oświęcim, was?« (Oświęcim ist der polnische Name von Auschwitz, der in Bulgarien üblich ist.)

Offenbar begeistert von seinem Wortspiel, wiederholte

er es lachend: »Rekrut Oświęcim, du kommst also aus der Klapsmühle? Wir werden sehen, ob du bekloppt bist! Siehst du den Haufen da?« Er zeigte auf den Schrottberg zwischen Bahnhof und Baracken. »Dein Trupp räumt ihn heute weg! Dir zu Ehren!«

Selbst wenn eine ganze Kompanie eine Woche lang geschuftet hätte, wäre der Schrott nicht wegzuräumen gewesen. Den Berg um dreißig Meter zu versetzen, war ein vollkommen sinnloses Unternehmen. Dass der ganze Trupp meinetwegen darunter zu leiden hatte, war dem Kommandeur ganz recht. So schürt man Hass.

Der Schrottberg bestand zum größten Teil aus zerstückelten alten Eisenbahnschienen. Jedes Stück wog mindestens zwanzig Kilo und war schwer zu packen. Nach ein paar Stunden sah der Berg aus wie zuvor, aber wir waren am Ende unserer Kräfte. Wir mussten verschnaufen, jemand zündete eine Zigarette an. Aus dem Nichts tauchte der Kommandeur auf.

»Hat euch jemand erlaubt zu rauchen? Rekrut Oświęcim, hast du dich nicht schon genug ausgeruht in der Klapsmühle? Los, zum Kran!«, schrie er und schubste mich vor sich her. Am Kran angelangt, befahl er: »Stillgestanden!«, und verschwand. Kurz darauf kam er mit einem Seil in der Hand zurück. Ein Ende des etwa zehn Meter langen Seils musste ich um meine Taille binden, das andere wurde am Kran festgeknotet. Auf Befehl des Kommandeurs setzte sich der Kran in Bewegung. Ich musste mit seiner Geschwindigkeit mithalten. Der Kran erreichte den Schrottberg, und ich hatte einige Sekunden Zeit, um ein oder zwei Schrottteile zu greifen, bevor er wieder anfuhr. Mit den Teilen musste ich jetzt zurücklaufen und aufpassen, dass sie mir nicht aus der Hand rutschten und die Füße zermalmten. Ich durfte auch nicht stolpern, der Kran hätte mich sonst über den Boden geschleppt. Dieses Spiel wiederholte sich einige Male. Irgendwann hatte ich keine Kraft mehr, die schweren Stücke zu halten, ich wurde langsamer, das Seil zog sich zu und machte mir das Atmen schwer, ich fiel, wurde geschleppt, stand wieder auf, lief weiter …

Ein Phänomen, über das ich nachträglich staune: Ich empfand weder Hass noch Wut auf meinen Folterer. Ich versuchte nur, so lange wie möglich durchzuhalten.

Drei Wochen später fand eine Versammlung unserer Truppeneinheit statt, bei der ein neuer Sekretär des Bundes der Kommunistischen Jugend gewählt werden musste. Ich wurde als einziger Kandidat aufgestellt. Das lag nicht an meinem unerschütterlichen Glauben an den Sieg des Kommunismus, sondern schlicht an der Tatsache, dass ich der Einzige war, der fließend lesen und schreiben konnte.

Die Hände für meine einstimmige Wahl standen noch in der Luft, als ein Offizier eintrat und meinen Namen rief. Ein Telegramm vom Oberkommando der Truppen für Transportwesen auf Schienen ordnete meine sofortige Versetzung zur Militärkapelle in die Stadt Radnevo an, im Süden Bulgariens, dreihundert Kilometer entfernt von Sofia. Ich hatte keine Ahnung, wie, aber mein Vater hatte es am Ende wohl doch geschafft, mich aus dieser Misere herauszuholen.

Eine Stunde später saß ich schon im Zug nach Radnevo, wo ich zwar das zweite Jahr meines Militärdienstes in Langeweile und Stumpfsinn absitzen würde, aber doch unter vergleichsweise erträglichen Bedingungen. Der nahe gelegene Tagebau bedeckte mit seiner gelblich grauen Staubschicht Bäume, Häuser und Gesichter. So erinnere ich auch die Zeit, die ich dort verloren habe: gelblich grau.

AM PFERDESTAND **28**

Die Nationale Akademie für Theater- und Filmkunst, ein Gebäude im Zuckerbäckerstil der stalinistischen Zeit, liegt an der Rakowski-Straße, dem Broadway von Sofia. Denn eins nach dem anderen liegen dort auch das staatliche Theater der Satire, das Nationaltheater Ivan Vazov, das Theater 199, das staatliche Puppentheater, das Theater der bulgarischen Volksarmee und nicht zu vergessen das dramatische Theater Träne und Lachen.

Vor dem Haupteingang der Akademie gab es ein Geländer zur Straße hin, auch genannt der »Pferdestand«. Dort hing man herum in der Hoffnung, zu sehen und gesehen zu werden. Ich weiß noch, mit welcher Ehrfurcht ich früher die Straßenseite wechselte, um die Studenten aus der Ferne zu beobachten. Sie waren die Auserwählten, sie waren exaltiert und laut. Es zog mich dorthin, aber ich war viel zu schüchtern, um mich unter sie zu mischen. Ich hatte da nichts zu melden. Jetzt aber war ich Student und gehörte dazu. Ich durfte auch am Pferdestand abhängen. Das Tor zur Welt des

Theaters und – warum auch nicht – des Films stand mir offen.

Mein Jahrgang war aufgeteilt in zwei Klassen von jeweils zwölf bis dreizehn Studenten. Meine Klasse wurde geleitet von einer Theaterpädagogin aus der Generation meiner Eltern. Ihre linientreue Haltung war bekannt. Sie selbst war Regisseurin und zugleich Mitglied eines Gremiums, das wiederum über die linientreuen Stückinterpretationen ihrer Kollegen zu befinden hatte. Dieses Gremium hatte die Machtbefugnis, Theaterinszenierungen zu genehmigen oder zu verbieten. Es ging also um politische Zensur. Obwohl ich die Regisseurin nicht unsympathisch fand, wurde ich den Verdacht nicht los, dass ihre Methoden veraltet waren. Ich konnte es nicht belegen, aber mein Instinkt war stark genug, um alles, was sie mir beizubringen versuchte, anzuzweifeln. Ich konnte der Versuchung nicht widerstehen, sie zu provozieren. Dem naturalistischen Spiel, das sie uns aufzwang, widersetzte ich mich mit übertriebenen Posen und Stilisierungen. Oder wenn naturalistisch, trieb ich es bis zum Äußersten. Während einer szenischen Improvisation kam mir der Einfall, ins Publikum zu kotzen. Meine Schauspiellehrerin lehnte es ab, das habe nichts mehr mit Schauspielkunst zu tun. Ich aber empfand das als ideologische Zensur und drohte, die Klasse für immer zu verlassen. Das wiederum hätte ihre Reputation beschädigt. Zum Schluss einigten wir uns doch noch, und ich habe gelernt, was ein künstlerischer Kompromiss ist: Ich durfte in die Seitenbühne kotzen.

Ich erinnere mich an die große Aufregung bei der Prüfung am Ende des zweiten Semesters, die vor einem Publikum aus Freunden, Kommilitonen und Verwandten stattfand. In einer Szene nach einer Erzählung von Tschechow spielte ich den Verführer wider Willen. Ich hatte mir zu diesem Zweck einen ausgestopften Nylonstrumpf in die Hose geschoben, der ein überdimensionales Geschlechtsorgan darstellte. Ich spielte eine gespaltene Persönlichkeit, ein Opfer meiner eigenen Triebhaftigkeit. Mein Schwanz und ich waren in ständigem Konflikt. Der Schwanz entschied unabhängig von mir, wo es langging. Ich sah mich gezwungen, ihm zu folgen, verzweifelte an seinen Entscheidungen und seinem aggressiven Verhalten meiner Partnerin gegenüber, die sich kaum erwehren konnte und äußerst verwundert war über meine Zerrissenheit. Der Entwurf dieser Figur war nicht nach dem Geschmack der Pädagogin, doch der deutliche Zuspruch des Publikums zwang sie in die Knie. Am meisten aber freute mich das Lachen meines Vaters, der mich zum ersten Mal auf der Bühne sah. Ich möchte mir nicht vorstellen, mit welchen Befürchtungen er zu dieser Veranstaltung gekommen war. Ich spürte seine Erleichterung, als er mich danach umarmte.

Ich habe ziemlich bald gemerkt, dass ich an dieser Schule nicht viel lernen konnte. Zwar wusste ich noch nicht genau, was ich wollte, aber ich wusste zumindest, dass ich das nicht wollte.

In das Künstlermilieu war ich hineingeboren worden. Von klein auf war ich mittendrin. Ich hatte zu Hause Gesprächen gelauscht und Sichtweisen kennengelernt, die mich inspirierten. Ich hatte Theateraufführungen erlebt, die meinen Geschmack bildeten. Ich hatte Filme gesehen, die mich beeinflussten. Außerdem hatte ich das Glück, schon während der ersten zwei Studienjahre große Filmrollen zu übernehmen, andere wären bestimmt gefolgt. Ich hätte mir ein schönes Leben aufbauen können. Vielleicht etwas spießig, etwas langweilig, aber immerhin – meins. Untalentiert war ich nicht, das stand fest. Mein Familienname war wie ein gemachtes Bett. Alles war absehbar. Mir schien, ich könnte bis ans Ende blicken … Wie es bei Gogol im *Tagebuch eines Wahnsinnigen* heißt: »Jetzt sehe ich alles klar vor mir. Alles überblicke ich jetzt, wie es auf meiner flachen Hand liegt.«

Es war mir in Bulgarien eng geworden. Ich floh vor dieser abgesicherten Aussichtslosigkeit.

EINSTEIGEN! ZURÜCKBLEIBEN! **29**

Ich brach das Studium im vierten Semester ab. Das löste gewisse Unruhe in der Hochschulleitung aus. Es war noch nie vorgekommen, dass jemand diesen begehrten Studienplatz freiwillig aufgab. Das grenzte an ein Politikum. Ich musste versprechen, dass es sich lediglich um eine Unterbrechung handelte, und war gezwungen, abstruse Argumente zu erfinden, um drohende Konsequenzen abzuwenden. Meine Mutter sei für ein Jahr in Südafrika als Klavierlehrerin engagiert worden und es gebe keinen, der sich um ihre vierjährige Tochter, meine Schwester, kümmern könne. Ich fühlte mich verpflichtet einzuspringen, obwohl ich, natürlich, viel lieber meine Schauspielkunst vorantreiben würde. Man ließ mich gehen.

Tante Rosa aus São Paulo hatte, kurz bevor sie im Altersheim verstarb, meinen Vater zum Alleinerben eingesetzt. Damit der bulgarische Staat keinen Wind davon bekam und das Geld womöglich beschlagnahmte, ließ mein Vater Tante

Rosas gesamtes Vermögen (fünftausend Dollar) auf das Konto von Françoise und Remy in Paris überweisen. Ich kann mich nicht mehr daran erinnern, wie es dazu kam, dass ich dieses Geld für einen Aufenthalt in Paris verwenden durfte. War es mein Vater, der es mir anbot, weil er sah, wie unglücklich ich an der Schauspielschule war? Oder war ich es selbst, der ihn darum bat, damit ich meine Ausbildung im Ausland fortsetzen konnte? Ich weiß es nicht mehr. Ende der Achtzigerjahre hatten jedenfalls die Behörden die Bedingungen für eine Reise in den Westen etwas gelockert, und so saß ich nun im Zug nach Paris.

Ein Traum war auf dem besten Weg, Wirklichkeit zu werden, ein Traum, den ich vor mir selbst geheim hielt. Ich war mir sicher, ich würde in Paris die richtige Theaterschule finden und ein anderes Leben anfangen. Alles sprach dafür: Französisch hatte ich von klein auf gelernt, in Paris gab es auch noch Finzis, allerdings mit t, und ich konnte zu Anfang bei Françoise und Remy wohnen. Am allerwichtigsten: Ich hatte schon einen guten Kontakt zur renommiertesten privaten Schauspielschule der Stadt, deren Direktor mir die Zusicherung gegeben hatte, dass ich dort kostenlos studieren durfte. Ich würde nur für meinen Unterhalt aufkommen müssen.

Françoise und Remy lebten mittlerweile auf dem Areal der größten psychiatrischen Anstalt von Paris. Der Chefarzt, für den das Haus eigentlich gedacht war, hatte es vorgezogen, in einem schicken Arrondissement zu wohnen. So wurde die bürgerliche Villa aus der Jahrhundertwende der neuen Verwaltungsdirektorin Françoise Planchon angeboten. Zusammen mit Remy, der als Drucker beim *Figaro*, der wichtigsten rechtskonservativen Zeitung Frankreichs, arbeitete und als Gewerkschaftsfunktionär die Interessen der Belegschaft vertrat, zog sie ein. Viele der Zimmer standen leer oder waren nur mit ein oder zwei Möbelstücken ausgestattet. Für die kleine Familie – neben Françoise und Remy gab es noch eine Zahnspange tragende Tochter – war das Haus nicht nur viel zu groß, sondern widersprach auch den Idealen, die sie vertraten. Als Mitglieder der Kommunistischen Partei waren sie von Haus aus Kämpfer für Gerechtigkeit, auch bei der Verteilung des Wohnraums. Die Größe ihres Hauses war ihnen etwas peinlich, aber da sie keine Miete zahlen mussten, blieb ihnen nichts anderes übrig, als es zu nutzen. Ach ja, zwei Autos hatten sie auch. Französische Kommunisten halt. Deshalb freuten sie sich umso mehr, das Haus mit einem jungen Menschen aus dem real existierenden Sozialismus zu teilen.

Ich bekam ein Zimmer im zweiten Stock. Aus dem Fenster konnte ich die Insassen der Anstalt beobachten. Nachts hörte ich ihre Schreie. Ich streunte durch die Straßen von Paris, ging ins Kino, besuchte Museen und Ausstellungen oder saß einfach in einer Brasserie, trank, aß und schaute den Passanten zu. Im Vergleich zu der Reise mit meinen Eltern hatte ich jetzt genug Geld und gab es gern aus. Ich wollte wissen, wie es sich anfühlt, ein Bürger der freien Welt zu sein. Es gefiel mir. Nachdem sich die anfängliche Euphorie etwas gelegt hatte, beschloss ich, alles Menschenmögliche zu tun, um in Paris zu bleiben und dort mein Schauspielstudium weiterzuführen.

»Ah, ja, ich erinnere mich«, murmelte der Direktor der Schauspielschule, als ich ihn anrief. »Sie wissen ja: Unsere Schule hat einen exzellenten Ruf, wir haben einige Filmstars hervorgebracht, auch in der jüngeren Generation. Hier unterrichten ziemlich bekannte Schauspieler … Aber kommen Sie gern vorbei, dann sehen wir weiter. Lassen Sie mich mal auf dem Studienplan gucken … *Oh, quelle chance!* Francis Huster hat morgen Unterricht … Szenenstudium! *Alors, à demain!*« Er legte auf.

Sein herablassender Tonfall irritierte mich. Nichts mehr da von der Offenheit und Großzügigkeit, die er mir gegenüber in Sofia an den Tag gelegt hatte. Am nächsten Tag saß ich in der hintersten Reihe im Zuschauerraum der Studiobühne. Die Schauspielschüler tröpfelten herein, bemerkten mich, zeigten aber keinerlei Interesse. Nicht mal diejenigen, um die ich mich gekümmert hatte, als sie unsere Theaterschule in Sofia besuchten.

Ein Mann mit langem weißem Schal und Händen in weißen Handschuhen betrat den Raum. Ich dachte zuerst: »Das ist sein Kostüm, gleich wird er auf die Bühne springen und etwas vorspielen.« Er richtete sich vor den Schülern zu voller Größe auf, wartete, bis es still wurde, und begann zu reden. Nur die weit ausholenden Bewegungen, mit denen er sich seinen schneeweißen Seidenschal immer wieder um den Hals warf, sind mir in Erinnerung geblieben. Und die Handschuhe, die wie weiße Tauben vor seinem Körper auf und nieder flatterten. Schließlich setzte er sich in die erste Reihe, schlug die Beine übereinander und ließ eine der weißen Tauben flattern. »*Un aprés l'autre, s'il vous plaît!*« »Aha, so also benimmt man sich, wenn man ein berühmter französischer Schauspieler ist«, dachte ich. Mir kamen erste Zweifel. Mit jedem neuen Auftritt wurden sie stärker. Die prätentiösen Kommentare des Lehrers machten mich nervös. Die Schauspielschüler auf der Bühne machten mich noch nervöser. Ihre Körper verharrten in Posen, nur ihr Mund arbeitete. Jedes Wort wurde gesungen und beschmückt. Die Bemühung um perfekte Artikulation produzierte unglaublich viel Spucke. Das war abstoßend, vor allem aber klang es hohl und pathetisch.

Meine Vorbilder kamen aus den Filmen der *Nouvelle Vague*, aus dem *Film noir*. Ich träumte davon, eines Tages auch so knapp, direkt und echt spielen zu können. Was ich aber in dieser Unterrichtsstunde erlebte, war das Gegenteil dessen, was ich suchte.

In den zwei anderen Schulen, die ich besuchte, war es nicht besser. Ich ging fast jeden Abend ins Theater, wo ich viel Schlechtes sah. Die einzigen Aufführungen, die mir wieder Hoffnung machten, waren eine Arbeit von Ariane Mnouchkine und Kafkas *Verwandlung*, gespielt von Roman Polanski. Allerdings bestand Mnouchkines Theatertruppe aus Menschen aus aller Welt, und Polanski war erstens kein Franzose und zweitens kein gewöhnlicher Schauspieler.

Mittlerweile wohnte ich in Montparnasse, bei meiner Freundin, der Nichte eines bekannten Pariser Modeschöpfers. Sie schlug mir eine *mariage blanc* vor, eine Scheinehe. Wir mochten uns sehr, aber auch nicht genug, dass mich ihr Angebot zu heiraten nicht erschreckt hätte. Dabei wollte sie mir nur helfen, ohne Probleme im Westen bleiben zu können. Ich war mir aber gar nicht mehr sicher, ob ich überhaupt in Paris leben wollte. Und wenn, wozu? Die Hoffnung, in dieser Stadt auf eine andere und neue Art Theater zu machen, hatte sich zerschlagen.

Ich war dreiundzwanzig Jahre alt, es war August, und Paris war leer. Nur an den bekannten Sehenswürdigkeiten tummelten sich die Touristen. Ich lief die Straßen rauf und runter, mal gut gelaunt, mal besorgt. Es machte keinen Sinn mehr, Museen und Ausstellungen zu besuchen oder ins Kino zu gehen. Ohnehin konnte ich mich auf nichts außerhalb meines Gedankenkreislaufs konzentrieren. Ständig wog ich die Vor- und Nachteile des Hierbleibens gegeneinander ab: An einem Tag hatte ich die Lösung, am anderen wieder nicht. Das Geld von Tante Rosa wurde immer weniger, und das Ende meines Reisevisums rückte immer näher.

In dieser Phase der Desorientierung passierte etwas, womit ich überhaupt nicht gerechnet hatte. Ein Theatermacher, der in der bulgarischen Theaterszene als Geheimtipp gehandelt und von mir bewundert wurde, trat an mich heran. Er hatte sich schon ein oder zwei Jahre davor nach Deutschland abgesetzt, weil seine Art von Theater als »experimentell« galt und von den bulgarischen Kulturbehörden für subversiv gehalten wurde. Für einen internationalen Workshop in Bonn stellte er eine kleine Truppe aus bulgarischen Schauspielern und Schauspielschülern zusammen. Ich griff nach dieser Möglichkeit wie ein Ertrinkender nach einem Strohhalm und fuhr zu dem Workshop.

Diese Art, mit Raum, Text und Körper umzugehen, war in der Tat neu für mich. Ich konnte es nicht genau formulieren, aber ich war mir sicher, dass hier ein möglicher Weg begann. Hier in Bonn am Rhein.

Der Workshop endete mit einer Performance in der Universitätsbibliothek. Zwischen Tausenden von Büchern sagte ich meinen ersten zusammenhängenden Satz auf Deutsch: »Es bleibt nichts mehr zu sagen«, geschrieben von Samuel Beckett in seinem Einakter *Ohio Impromptu*.

Ein Türchen hatte sich geöffnet und ließ sich nicht mehr schließen. Der Theatermacher sprach von einem Projekt in Berlin, an dem ich mich eventuell beteiligen könne. Aber nichts war sicher. Wenn ich mich für die Rückkehr nach Sofia entschied, würde ich je wieder die Möglichkeit zur Ausreise erhalten? Wenn ich zurück nach Paris fahren würde, wovon sollte ich leben? Was war wichtiger: das ungewisse Leben in einer freien, aber fremden Welt – oder die Sicherheit in der Heimat?

Ich griff zum Telefon und rief meine Mutter an. »Mama, ich bleibe.« Ich fasste mich kurz. Vielleicht wurden wir abgehört. Ich sagte nicht, wo und wie lange. Ich hörte sie aufatmen. »Viel Glück, mein Junge!«

Zwei Wochen später traf ich sie in Vevey in der Schweiz. Sie begleitete eine Schülerin zu einem Klavierwettbewerb und war sichtlich erleichtert, mich wiederzusehen. Meine

Entscheidung, im Westen zu bleiben, würde bedeuten, dass wir uns auf ungewisse Zeit nicht würden sehen können. Zwar war die Perestroika in vollem Gang, Gorbatschow war gerade dabei, die Sowjetunion auseinanderzunehmen, aber wann und wo der Vorhang zwischen Westen und Osten reißen würde, ahnte zu diesem Zeitpunkt noch keiner.

Ich war also in Vevey, an dem Ort, an dem Charles Chaplin den letzten Teil seines Lebens im Exil verbrachte. Ich schlenderte am Zaun seines prächtigen Anwesens entlang und dachte an Charlie, den Tramp, immer in Bewegung, immer auf der Reise. Hinfallen, aufstehen, weitermachen. Ich nahm es als Zeichen. Mein Vater würde sagen: »Von Kräften, die nichts mit irgendeinem Gott zu tun haben, aber doch da sind.«

Ich fuhr nach Sofia. Ich fand schließlich doch einen Grund dafür: Leon, der alte Freund meiner Eltern, inszenierte am Theater der bulgarischen Volksarmee den *Hofmeister* von Lenz in der Bearbeitung von Brecht. Leon sah sich als mein Erzieher an. Was er bei meinem Vater begonnen hatte, wollte er bei mir fortsetzen, also gab er mir eine Rolle – die des verwöhnten Sohnes, den der Hofmeister erziehen muss. Die Schauspieler der Truppe zählten zu den besten und bekanntesten des Landes. Ich kannte sie alle von klein auf und wurde von ihnen als eine Art Familienmitglied angesehen. Die Proben begannen. Ich hatte kaum Text und wollte mir etwas einfallen lassen, um mich als verwöhnter Sohn in den Mittelpunkt zu bringen. Also beschloss ich, allen tierisch auf die Nerven zu gehen. Ich besorgte mir einen Ball, den ich an einem langen Gummiband befestigte, sodass er immer zurückkam, nachdem ich jemanden mitten in einer Szene damit beschossen hatte. Ich tat es immer ohne Verabredung und an den unmöglichsten Stellen. Ich hatte meinen Spaß dabei, die getroffenen Darsteller weniger. Trotzdem: Die Unruhe verließ mich nicht. Was war mit dem Projekt in Berlin? Konnte ich überhaupt noch darauf hoffen? Und wenn nicht Berlin, was dann: in Sofia bleiben und weiter auf der Bühne Bälle werfen?

Am späten Nachmittag des 18. Oktober 1989 klingelte das Telefon. Es war der Regisseur aus Bonn. »Das Projekt, über das wir geredet haben, findet statt. Mitte Dezember beginnen wir in Westberlin mit den Proben. Kannst du Deutsch lernen?« – »Ja, natürlich«, sagte ich wie aus der Pistole geschossen. »Das Stück ist von mir, es heißt *Schuld und Bühne*. Ich schicke es dir, du musst sofort anfangen.«

Endlich! Ich konnte es kaum fassen! Es gab ein Stück, es gab einen Ort, und es gab einen Termin! Ich musste nur noch eine Sprache lernen. In sechs Wochen?

Nemski ist das bulgarische Wort für Deutsch. Der slawische Wortstamm *nem* bedeutet »stumm«. Die deutsche Sprache war den Slawen unverständlich, also waren die Deutschen für sie so gut wie stumm. Dasselbe galt auch für mich. Meine Kenntnisse der deutschen Sprache waren bis dahin begrenzt. Neben dem scheinbar sehr wichtigen Wort »endlich«, das ich im Pornokino in Athen gelernt hatte, kannte ich nur noch »bitte schön« und »danke schön«. Das hatte ich von den DDR-Touristen am Schwarzen Meer aufgeschnappt. Mit ihren Trabis und Wartburgs besetzten sie jeden Sommer die Campingplätze an der Küste oder wanderten paarweise mit großen Rucksäcken und schlugen ihre Zelte am Strand auf. Die Männer hatten meistens lange Haare, die sie zu einem Zopf zusammenbanden, trugen Jesussandalen und sehr kurz abgeschnittene Jeans, sodass ihre Hoden hervorlugten. Die Frauen waren meistens blond und schön. Morgens krochen sie aus den Zelten, räumten die leeren Sekt- und Schnapsflaschen weg, machten Übungen und warfen sich ins Meer.

Meine Freunde und ich hatten das größte Vergnügen daran, die Deutschen zu parodieren. Ich erinnere mich an eine improvisierte Szene während des Schauspielstudiums: Ein massiger Kommilitone spielte den Masseur im türkischen Bad. Ich war der Deutsche, blass und nackt, nur mit Handtuch um die Hüften und der feinen Goldrandbrille meiner Mutter auf der Nase. Ließ mich kneten und quälen, schrie »bitte schön« und »danke schön«, bis ich vor lauter Schmerz anfing zu singen: »Oh Tannenbaum, oh, oh, oh Tannenbaum!«, die einzige Zeile eines deutschen Liedes, die mir bekannt war. Nicht im Mindesten ahnte ich, dass ich sehr bald mein Leben unter diesen Menschen verbringen würde, über die ich mich lustig machte.

Die Sprache schien mir gar nicht so kompliziert zu sein. Meine Deutschlehrerin, eine ältere Dame, die ich dreimal die Woche in ihrer Plattenbausiedlung aufsuchte, freute sich über meine schnellen Fortschritte und lobte mich. Mit ihrer

Hilfe las ich das Stück mehrmals durch und lernte die 2600 (zweitausendsechshundert) Vokabeln, die darin vorkamen, auswendig. Am Ende triumphierte ich: »Jetzt kann ich Deutsch!« Eine ziemliche Selbsttäuschung, wie ich sehr bald erfahren sollte.

9. November 1989. Die Berliner Mauer war gefallen. Dieses historische Ereignis kam in den offiziellen Nachrichten kaum vor, der bulgarische Alltag schien zunächst nicht davon betroffen zu sein. Einen Tag später probten wir auf der großen Bühne des Theaters der bulgarischen Volksarmee. Leon Daniel genehmigte irgendwann eine Zigarettenpause. Als wir uns wieder auf der Bühne trafen, sagte einer der Schauspieler: »Leon, hast du gehört? Schiwkow wurde abgesetzt, es kam gerade in den Nachrichten.« »Was?«, schrie Leon, »So ein Quatsch! Kommt, konzentriert euch. Noch mal vom Anfang!«

Nach dem Ende der Probe stürzten alle zum Fernseher in die Kantine, um die Nachrichten zu sehen. Konnte das wahr sein? Mein ganzes Leben lang hörte ich Schiwkows Namen und sah unzählige Male am Tag sein Konterfei. Und jetzt sollte es auf einmal damit vorbei sein? Nach fünfunddreißig Jahren Herrschaft? Nicht, dass er mir gefehlt hätte, aber etwas unvorstellbar war es schon. Für Schiwkow offensichtlich auch. Als ihm das Zentralkomitee seinen Sturz mitteilte, schwankte sein Gesichtsausdruck zwischen Verblüffung und Verblödung. »Was guckst du wie ein Rind in der Eisenbahn?«, sagt man in Bulgarien. Das passte und hätte fast mein Mitleid erregt, wenn ich nicht gewusst hätte, was er fünfunddreißig Jahre lang getrieben hatte … Der Arsch!

Bis zur Premiere des *Hofmeisters* hielt ich mein Vorhaben streng geheim. Ich hatte meine Entscheidung getroffen, aber ich hörte nicht auf, sie zu hinterfragen. Die Ungewissheit machte mir zu schaffen. Die Nächte waren unruhig. Wie sage ich es meinem Mentor, dem großen Regisseur und Freund der Familie, dass ich ihn und seine Produktion verlassen würde? Das Flugticket nach Berlin-Schönefeld hatte ich schon gekauft. Ich wollte Leon meine Entscheidung vor der Premiere nicht mitteilen, aber auch danach traute ich mich nicht. Ich spielte die Vorstellungen und hielt den Mund.

Der Tag der Abreise nahte. Die Ereignisse überschlugen sich. Das Volk erwachte aus der Lethargie, ging auf die Straße, Reden wurden geschwungen, voller Parolen, die nie zuvor so benutzt wurden: Freiheit – Demokratie – Nieder mit der kommunistischen Diktatur! Manchmal lief ich mit, manchmal nicht. Ich hatte meine eigenen Probleme zu lösen.

Ich klopfte an die Tür von Leons Arbeitszimmer. »Komm rein, Sancho!«, hörte ich seine leicht verrauchte Stimme. Er stand am Fenster des schlauchartigen Raums und schaute auf die Straße, die obligatorische Zigarette in der Hand. Schichten von Qualm hingen in der Luft. »Setz dich, erzähl«, forderte er mich auf und zeigte auf das Sofa vor seinem Arbeitstisch. Ich starrte die zerknüllte Zigarettenpackung vor mir an. »Schau, Leon, ich habe lange überlegt, und ich glaube, ich habe mich entschieden.« – »Was hast du entschieden?«, fragte er, weil ich auf einmal schwieg. Ich musste mich räuspern. »Ich muss dich bitten, mich umzubesetzen. Ich habe die Möglichkeit, im Ausland zu arbeiten, und will sie mir nicht entgehen lassen.«

Es folgte eine lange Pause, in der sich Leon langsam vom Fenster abwendete und sich auf den Stuhl hinter dem Tisch setzte. »Wo willst du hin?« – »Nach Berlin.« – »Und mit wem willst du arbeiten?« Ich fing an zu erzählen: von dem Regisseur, von unserem ersten Treffen in Bonn, von der Arbeit, von meinen Bemühungen, Deutsch zu lernen, und so weiter. Ich hörte nicht auf zu reden aus Angst, dass er mir sofort widersprechen und meine ganze Entschiedenheit in Sekunden verpuffen würde. Auf einmal liefen Tränen über seine Wangen. Es war nicht das erste Mal, dass ich ihn weinen sah. Leon reagierte oft sehr impulsiv, und ich hatte ihn verschiedentlich toben und heulen sehen. Aber diesmal war er ganz leise, er schien tief getroffen. »Warum willst du gerade jetzt gehen? In einem Moment, wo sich alles ändert! Wir werden das Theater machen, das wir immer wollten. Du wirst Regisseur, du hast das Talent dafür! Ich weiß es, ich kenne dich seit deiner Geburt. Überlege es dir bitte noch einmal!« Seine Stimme wurde immer brüchiger, er stand auf, ging zurück zum Fenster und zündete die nächste Zigarette an. »Sancho, bitte denk noch mal darüber nach«, wiederholte er, ohne sich umzudrehen. »Ja, klar, selbstverständlich!«, murmelte ich und schlich mich hinaus.

»Was mache ich jetzt?«, dachte ich im Flur. »Er hat meinetwegen geweint! Ach egal, ich bleibe NICHT! Oder doch?«

Ich sitze in meiner Berliner Küche und betrachte den Terrazzoboden. Ich sehe einen Riss. Er schlängelt sich quer durch die ganze Küche. Er ist entstanden, lange bevor ich in diese Wohnung eingezogen bin, das ist sicher. Aber wann war das? Und warum entdecke ich ihn erst jetzt?

Am 17. Dezember 1989 landet am frühen Abend eine Maschine der bulgarischen Fluggesellschaft Balkan am Flughafen Berlin-Schönefeld. Unter den Passagieren befindet sich ein gewisser Samuel Itzhak Finzi, bulgarischer Staatsbürger, zu diesem Zeitpunkt dreiundzwanzig Jahre alt. Nach der Passkontrolle und der Gepäckausgabe besteigt er die S-Bahn in Richtung Bahnhof Friedrichstraße. Der Zug fährt durch den östlichen Teil der Stadt. Es ist inzwischen dunkel geworden, und hinter den schmutzigen Fenstern des Waggons ist kaum etwas zu erkennen. An jeder Haltestelle scheppert aus den Lautsprechern eine Ansage, die wie ein Befehl klingt. Der junge Mann schrickt jedes Mal zusammen und versucht, sich auf die wenigen Deutschkenntnisse zu konzentrieren, die er in seiner Heimat erlangt hat. Als der Zug den Bahnhof Friedrichstraße erreicht und die bellende Stimme ihn aus dem Waggon jagt, überkommt ihn das Gefühl, sich in einem sowjetischen Kinofilm über den Zweiten Weltkrieg zu befinden. Er sieht Wehrmachtssoldaten mit Maschinengewehren und deutsche Schäferhunde auf dem Bahnsteig patrouillieren. Er selbst ist der Geheimagent im Feindesland, der unbemerkt seine Mission erfüllt und danach spurlos verschwindet.

Den Koffer in der Hand, erreicht er den Ausgang. Sobald er die Straße betritt, verschluckt ihn der Berliner Nebel. Eine Weile noch begleiten ihn die Befehle aus den Lautsprechern am Bahnsteig: »Einsteigen! Zurückbleiben!«

INHALT

Besuchen Sie uns im Internet:
www.ullstein.de

Wir verpflichten uns zu Nachhaltigkeit
- Klimaneutrales Produkt
- Papiere aus nachhaltiger Waldwirtschaft und anderen kontrollierten Quellen
- ullstein.de/nachhaltigkeit

MIX
Papier
FSC FSC® C014496

ISBN 978-3-550-20043-4

Gesetzt aus der Minion und Futura
Satz: LVD GmbH, Berlin
Druck und Bindearbeiten: GGP Media GmbH, Pößneck